春华秋实

宋利平 著

山西出版传媒集团
北岳文艺出版社
·太原

图书在版编目(CIP)数据

春华秋实 / 宋利平著. —太原:北岳文艺出版社,2023.5
ISBN 978-7-5378-6707-8

Ⅰ.①春… Ⅱ.①宋… Ⅲ.①社会科学－文集 Ⅳ.①C53

中国国家版本馆CIP数据核字(2023)第063188号

春华秋实　宋利平 / 著

出品人 郭文礼	出版发行:山西出版传媒集团·北岳文艺出版社 地址:山西省太原市并州南路57号 邮编:030012
选题策划 韩玉峰	电话:0351-5628696(发行部)　0351-5628688(总编室) 传真:0351-5628680
责任编辑 韩玉峰	印刷装订:山西基因包装印刷科技股份有限公司
书籍设计 张永文	开本:787 mm×1092mm　1/16 字数:250千字　印张:18.75 版次:2023年5月第1版
印装监制 郭　勇	印次:2023年5月山西第1次印刷 书号:ISBN 978-7-5378-6707-8 定价:58.00元

本书版权为本社独家所有,未经本社同意不得转载、摘编或复制

欣赏这样心性下的文字
——写在宋利平《春华秋实》付梓之际

李明珠

进入五月,宋利平嘱我为他的新书写个序。

他讲,三十多年的职业生涯行将结束,抽时间整理了自己的部分文字,择一部分辑成一册,算给自己留个纪念。

利平的这种人生态度,我很赞赏。

对利平的了解,应该很早,不记得是什么时候的事了。只记得,有一次正好找老领导李怡农行长汇报工作,碰到利平。李行长介绍,利平和洪涛是同学,这娃不错,人挺好,爱学习、爱钻研,喜欢写作,文字很好。从此,我便有意识无意识地开始关注起他来了。

李行长的介绍很中肯,很客观。

那些年,省行办着一报两刊,一报《山西农金报》,两刊《农村金融研究》和《信用合作》,我还编辑着一个内部杂志《储蓄瞭望》。在诸多的文章中,经常能看到宋利平的文字,其文风朴实,清新淡雅,直叙到位,不拖泥带水,有时有点民国之风。

这次利平收集的文字大大小小有几十篇,分成六个部分:故乡的回忆、职业生涯的回望、有感而发的言论、金融业务的研究、率性本真的随笔、并州的杂记。篇目有大有小,文字有长有短。无论大小、长短,都充满了拳拳之情，充满了对家乡、对生活、对工作、对业务、对社会、对万物的深厚感情。

利平很谦虚，在自序中以非常谦卑的姿态感谢了所有人，感谢了工作三十多年的农行，感谢了岁月，唯独没有感谢自己。只是寥寥数字，不揣冒昧，以慰吾心。

每个人的家乡都是多彩的，都是根和魂。《最忆是故乡》，利平把这份情写透了、写活了。过去的农村生活多数是比较清苦的，但清苦中有着城里所没有的快乐。小学上学时各有各的淘气事，运动来了各有各的逻辑。身上的虱子、虮子，捅了马蜂窝惹了祸的顽皮孩子。上学时一人一盏的自制小煤油灯，摘枣子、攒鸡蛋换钱，凭票买东西。割草、抬水、收麦、打场、摘棉花、灭虫害、灭禾鼠。护夏护秋，记工分、评工分。放焰火、打花鼓、热院子、放电影、看电视。每一个情节都很生动，栩栩如生。这些历史的沧桑如同一幅幅连环画，在他的笔下灵动地一一展现，如同一部部短电影，一幕幕地在眼前播放，在脑际涌现。

这种生动、灵动，没有切身的感受是写不出来的，没有真切的体会是写不出来的，没有深厚的感情和深深的眷恋也是写不出来的。他写得细致入微，连同小动物、小生物有时也纤毫毕现。尽管故乡于他已渐行渐远了，或许某些地方还略有生疏。但，这份深入骨髓的感情是不可替代、不会忘却的，如同鲁迅的百草园，如同鲁迅的三味书屋。

初期的职场他撷取了两个时间片段，一个是在里望营业所的日子，一个是平陆岁月。里望营业所是他初入职场的第一站，很多都是全新的。生活是全新的，工作是全新的，人际关系是全新的。一切都是从零开始，万里长征第一步。这一步他走得好，走得坚实。他勤快、谦虚、好学，主任业务熟、管理严、人不错，所里其乐融融。和乡镇、村里、各个信用站的关系也都理得比较顺。基本的业务，基本的技术，特殊的事情处理，也经历了不少。有了很好的积淀和收获，更收获了吃苦乐观的作风。

到平陆工作是他的又一次挑战。从城区大行平调到相对落后的县域行,各方面的挑战都很现实。从县人大质询到成为先进个人,他走得很稳健。我们上学时,课本上的《为了五十六个阶级兄弟》故事就发生在平陆,利平也传承了这些优秀的品格:群众利益无小事,群众安危无小事。老干部的福利待遇、职工车祸的事故处理、家属楼房屋的漏水处理等等,都是大事。人的气顺了,一顺百顺,他做到了。做好"三农",关键是突破口,他也找到了。做到了还要做好,要经得起历史的检验。在这有厚重历史的虞国,他更深刻地理解了郑板桥"些小吾曹州县吏,一枝一叶总关情",他应该也做到了况钟《离任》所题"检点行囊一担轻,京华望去几多程。停鞭静忆为官日,事事堪持天日盟"。我想,他没有辜负这片厚重的土地。

有感而发的言论,是他数十年的积累,沉淀了他很多的深入思考。我相信,其中很多早已转化,转化到了他的工作、生活之中,慎行之、谨选之、践行之。《银行经营的吸引力在于服务》《承诺服务贵在实》《仅有笑脸还不够》《学会推销自己》《"导医服务"之外》《群众期盼改进领导作风》《"及时雨"当常送》《金玉其外又如何》《"硕鼠"何以猖獗》《危机也是"充电"时》《"口号"要务实》《"封杀"失信者》《来个投诉"不作为"》《谁该靠边》《何不设立支农信用卡?》《信息扶贫好》《要善于寻找市场断层》《信用要靠法律来维护》《三种保险为农民解除后顾之忧》《从"日升昌"的用人看现代金融》《经济地生活》《另一种忠诚》《富了也要讲节俭》《孩子,你行》《"削足适履"与"量体裁衣"》《种地也要有资格》《"追星"的失落》《想象力也是财富》。每一篇都朴实无华,有些很深刻,很有见地。其中,不乏后来实践中人们已经体现出来的。不一定是受益于他,至少说明一点,这个思想者具有可贵的先导性。他超前思考了很多东西,敏锐地捕捉到了很多现实问题，通过自己的思考、求证、探索，形成了自己独立的思想、独特的建议。对于这样的同志、这样的作风、这样可贵的品格，我们需要创造条件，营造氛围，给予鼓励与包容，给予信任与支持。

思想的火花，是他在不断实践中的业务研究成果。立足于专业银行向商业银行转型时期的机遇和挑战，他提出了自己对诸多问题的思考。立足于新业务发展面临的发展策略问题，他拿出了自己的构想和实施的机制保证。立足于中小客户发展如何支持，他提出了一系列基于调研，得出的意见建议。关于提高盈利能力、关于理顺思路搞存款转化机制筹资金、关于转轨中沉淀资金出路等问题，他也都拿出了有理有据、有方法有步骤可操作的对策建议。他还"解剖麻雀"，对特定行、特定信用社的盈亏增减、资金组织进行了比较深入的分析，洞幽探微"一棵树上为何结出两样果"。

纵马人生，除了职场，还有生活，除了柴米油盐，还有诗和远方。利平三十几年在心系工作、专注事业的同时，不忘探索传统文化的美好，礼赞祖国的大好河山，歌颂人生的真善之美。《白云边》《北京小记》《大连情思》《观龙门石窟有感》《壶口观瀑》《津门行》《看春游"圣天湖"有感》《游凤凰谷》《关于民歌》《华盛顿的进与退》《看见春天》《"冷"与"热"的随想》《李鸿章与电讯业》《毛家山：一段尘封的记忆》《愚人节》《遭遇疫情》《茉莉茶香》《圣天湖拍荷花》《誓为家乡添光彩》《水峪口》《感动》《风物流变乡村广告》《送张利军主任赴任新疆》《庆"三八"感怀》《探访虞坂古道》《乡村牌楼》《平陆岁月》《平遥印象》《一方茶》《毕业照》等都是率性本真的随笔，笔落花开，荡涤风尘。这些文章看似信马由缰，其实天高地阔、思想无边，充满了人生的哲理、智慧和美好。

寓居并州三载有余，除了工作，最不缺的是一个人的独处，独具幽篁，独思独悟。利平零零碎碎地把这三年多来的随笔随记积累下来，择选其中一部分放了进来。有他的深思，有他的关注，有他的无语，更有他的赤子之心。楼前的丁香花开了，给岁月增添了阴凉和缤纷。被抛弃的吊兰，一旦有人照应了，立马生机盎然。简陋的培训客房，洗不了澡的尴尬，与食堂有关的那些事。学习教育活动中的忧国忧民，健步走的乐趣和风景，旁边小区跳广场舞的一帮老太太，院里的几片绿地，围墙边的一排大白杨。对两个晋商博物馆的对比印象，对票号的钻研，寒风下抽离的浮躁，春天行动人们说的猴子爬树，有关竞聘好像又无关竞聘的事，加班的矛盾。袁枚小诗《苔》，净心品普洱真味，桌上整整齐齐的三册日历，种树，院里的保安，交流干部的形色。点点滴滴，皆入襟怀。往事随风，往事并不如烟。所有的磨砺，都在纷繁的岁月中逝去，都在日历指间流走，沉淀在心底的唯有云淡风轻和通透。

大量的工作文字，他没有放进来，是对的，只有这些文字才属于自己。《运城晚报》张建群主任用一个整版对利平进行访谈，细密的文字，标记着他向上攀登的路途。写到他一个昼夜一口气读了三本琼瑶小说，写到他勤工俭学，写到他读孟德斯鸠的《法意》，等等，这些都是他真性情的体现。

时光有尽，思想无涯。宋利平的这本书虽不是大家手笔，但可说是智者之言。希望能给我们带来不一样的感受。

欣赏这样心性下的文字。

是为序。

2022 年 5 月 26 日

（作者为农行山西分行高级专家，中国金融作协山西创联组负责人）

朴实无华的耕耘者

王振川

宋利平是我的老乡，也是我的学长。

刚上大学的时候，老乡相会，就认识了他。他在金融系农村金融专业，比我高两级，据说还参加了文学类社团。他个头不高，肤色偏深，说话爱微笑，给人一种朴实无华的感觉。

上学期间有过几次交往，家乡来的人到天津进货，货款不够，找我借钱，我就去找宋利平帮忙。几个月后，老乡还了钱，我又去宿舍找他，把钱还了。一借一还，都没有过多的话，平淡中自有信任在。

宋利平毕业后分配到了里望乡的农行营业所。在校的同学听了之后，都感到不可思议。曾经有人建议，放假后去里望看他，不知后来落实了没有。

我见他已经是好几年之后的事了，他已经离开了里望乡，在万荣县农业银行工作。有一天，他来到运城，到电视台的地下室宿舍找我。他保持着对文学的爱好，经常写稿投稿。因为在银行工作的原因，他经常写一些金融类的文章，投给一些大报，发表后稿费很高，对生活不无小补。他也给单位写新闻稿，投给本地的报社和电视台。电视新闻大部分都是需要拍摄的，纯粹的文字稿使用不多。我帮他发过几次，后来有些为难，他也就不投了。

不过，宋利平很快就调到了地区农行工作。他请我去他办公室聊天，给我介绍他的工作计划。他要发挥文学方面的特长，办一份单位内部的小报。他给我的印象充满正能量，在我看来，他从里望到万荣，从万荣到运城，正是一条积极上进的成功之路。他是一个榜样。

故事继续发展，宋利平很快就做了地区农行的办公室副主任、主任，不久又调到河东支行做行长。过年了，他说他们单位发对联年画，有一种是用启功书法印制的，让我去取，那个小横幅后来一直贴在我的小书房里。

我很少打听他工作方面的事情，不知道他具体的业绩，对他的业余爱好倒是十分清楚。他除了喜欢写作，也爱上了摄影。因为工作忙，不可能像其他摄影家那样四处奔跑，就盯上了单位旁边的南风广场，下班之后爱到广场找素材，拍摄老百姓平凡生活中不平凡的瞬间。其中的成功作品，经常发表在《黄河晨报》等报刊。他也爱给我介绍这些作品，讲解其中微妙的寓意。

宋利平调到平陆之后我去看过他一回，很快他就升职调到临汾了。不几年，又调回运城，最后又调到省城太原去了。

这几十年来，我和宋利平的交往，不能说很多，也不能说很少，只能说时不时地有所交集。在我心目中，他就是万荣人的一个标本。勤劳能干，聪明睿智，朴实无华，成果累累。他虽然早早地就离开了农村，但身上一直有一种农民的气质，有一种面朝黄土背朝天的扎实肯干的精神，同时也有爱思考、能谋划的聪明劲儿。

平时在微信中，宋利平也和我交流他的文学作品。不过，这次《春华秋实》中收集的作品，我以前都没有读过。他在里望工作了一年半，当时应该是比较苦闷的，但文字中流露的却没有个人的情绪，只有当时工作中的一些细节、一些人物。在平陆当行长，也只写了当时的具体工作。《乡情一缕》是童年时代的故乡印象，细致入微，情真意切；《言论天地》的篇目最多，但文章大都简短，是他以前发表在报刊上的作品，能够展现他的学习、观察和思考，也能呈现他青年时代的奋斗；《思想火花》偏重金融业务，是他工作水平的呈现；《娓娓道来》更随意一些，有些像言论，有些只是生活的片段，有一种中年的意趣；《并州杂记》是到太原以后写的，能够感觉出来，有一种职场尾声的味道，他要适应新的环境、新的工作，也要适应即将到来的退休生活。在这几部分中，我自己最爱读的是他写童年和故乡的文字，还有青年时代那些报刊上的言论。

宋利平是个谦谦君子，一向言行有度。有一年，他晚上喝多了，打电话约我和另一个老乡，三个人喝茶聊天。他借着酒劲儿，吐露了很多心事，流露了很多真性情。每个人都有生活和心灵的压力，即使事业做得很成功，压力也是无处不在的。宋利平辛勤耕耘几十年，付出了很多，也收获了很多，但我感觉，他仍然像一座未经喷发的大火山，积聚着巨大的能量。其"春华"孕育的"秋实"，远远不止现在收集的这些文章。我相信，几年之后，他会写出更好更多的作品来。

（作者为运城市作家协会副主席，运城市传统文化传承发展协会主席）

写在前面

三十多年的职业生涯就要结束了，终于有时间对多年所写的文字做个整理，也算对人生做一小结。

写作对我来说既是个人爱好，也是工作的需要。舞文弄墨谈不上，也就是兴之所来，随手涂鸦。说个人爱好，是因为学生时代就看了许多文学书籍，高中时作文还多次在全校展评，也做过文学青年的梦想。说工作需要，是因为从事过很长时间的办公室工作，写领导讲话、通讯报道、业务调研报告是基本的要求，在完成好任务的同时，闲暇时也断断续续写了一点属于自己的东西。所谓文以载道，言为心声。所有这些文字从题材讲，主要是随笔、言论和业务研究；从内容看，大概分为几类：

一是故乡的回忆。"羁鸟恋旧林，池鱼思古渊。"每个人都有故乡情结，由于工作关系，故乡回得少了，但乡愁也似春草，愈行愈远还生。记忆中的故乡是美好的、多彩的，这片厚土就是我的根和魂，它总给人一种向上的原动力和奋斗的力量及勇气。

二是职业生涯的回望。三十年多年的农行生涯，工作岗位和地点不断变化，应该说留下了太多的记忆，但个人的每一个成长进步都凝结着许多领导同事的支持帮助。应该说农行是我们的衣食父母，对农行我们也像孩子对母亲般眷恋，希望她永葆青春，生机勃发。"弱水三千，只取一瓢饮。"这里只记录了印象最深刻的两个片段，即入职农行后第一个工作岗位在乡镇营业所的日子和在平陆工作的岁月。

三是有感而发的言论。这些言论篇目比较多，大部分是参加工作前十年写的。所谓"曾经年少爱追梦，一心只想往前飞""俱怀逸兴壮思飞，欲上青天揽明月"。言论虽小，但需要激情，需要观察，需要思考。这些言论大体分为三个方面：一是有关社会的，二是有关经济的，三是有关金融的。因为本职是金融，所以文章以经济金融的为主。这些言论或指手画脚，或说长道短，现在看来有些观点不尽完善，甚至偏颇，但总归是思想之火花。这些文字大部分在《运城日报》或其他晚报上刊发过，衷心感谢各位媒体朋友给我提供的平台及热切的指导。

四是金融业务的研究。金融是立身之本。在多年的工作实践中，自己既在一线具体操作过，又从事过管理工作。掌握金融的逻辑，探寻管理的蹊径，思悟经营之道，常有意外收获。于是将这些想法归纳总结，撰写了一些论文。现选出发表过的几篇代表性文章，以志留念。

五是率性本真的随笔。这里既有读书的感想，也有旅途寻迹，还有人生的探索。当然，还有一些没有平仄的所谓诗歌。纵是信马由缰，高天云飞，终有一线相牵。大烩菜，一锅煮，唯真，唯善，只能慢慢品味了。

六是并州杂记。在并州三年多，住在机关研修学院。我时常想，相当于又上了三年大学。随着紧张繁忙充实的一线工作远去，内心开始沉静下来，工作之余，记下了一些观察和感受。于我而言，这也是人生一个重要经历。因此，有必要单独罗列。

当然，更大量的文字是会议讲话、工作总结、通讯报道。洋洋万言者，积土成山，遥知当年洒下多少汗水。但征途漫漫，唯有奋斗，职责所在，无怨无悔。这里不再编入赘述。

最后，还要附加一篇运城《黄河晨报》一整版的一个访谈印象，尽管没有露脸，但感谢张建群主任用优美的文字对我的描画。以此作为结篇，合其适也。

记得有人说过，大意是：岁月就是岁月。岁月是可以炫耀的东西，我经历和战胜了那么多痛楚，这是一件多么可以吹嘘的事情。岁月如梭，还来不及拥抱青春，就已经手握黄昏了。现在我把自己用岁月串成的这些文字，不揣浅陋，编辑成册，如能对家庭友朋和他人有所裨益，则吾心慰矣！

目 录

—— 乡情一缕 ——

最忆是故乡 …………………………………………………003

—— 职场片段 ——

在里望营业所的日子 ………………………………………031
平陆岁月 ……………………………………………………038

—— 言论天地 ——

"及时雨"当常送 …………………………………………049
富了也要讲节俭 ……………………………………………050
该谁靠边 ……………………………………………………051
南郭·吕蒙·市场经济 ……………………………………052

"口号"要务实 …………………………………………………053

群众期盼改进领导作风 ……………………………………054

来个投诉"不作为" …………………………………………056

种地也要有资格 ……………………………………………058

"追星"的失落 ………………………………………………059

"硕鼠"何以猖獗 ……………………………………………061

孩子,你行! ………………………………………………063

"封杀"失信者 ………………………………………………064

"导医服务"之外 ……………………………………………066

承诺服务贵在实 ……………………………………………067

仅有笑脸还不够 ……………………………………………068

想象力也是财富 ……………………………………………069

金玉其外又如何 ……………………………………………070

经济地生活 …………………………………………………071

另一种忠诚 …………………………………………………072

学会推销自己 ………………………………………………074

信息扶贫好 …………………………………………………076

信用要靠法律来维护 ………………………………………077

名牌要练"防身术" …………………………………………078

要善于寻找市场断层 ………………………………………080

危机也是"充电"时 …………………………………………081

"削足适履"与"量体裁衣" …………………………………083

学会"爬坡" …………………………………………………085

从"日升昌"的用人看现代金融 ……………………………086

银行的钱是谁的 ……………………………………………088

银行经营的吸引力在于服务 ………………………………090

银行"惜贷"的背后 ·········092
何不设立支农信用卡？ ·········094
民间借贷缘何活跃 ·········096
三种保险为农民解除后顾之忧 ·········098
银行私人理财：家庭生活的高参 ·········100
企业债券缘何受冷落 ·········103
企业债券能否再热起来 ·········106
企业资金紧张原因透视 ·········109

—— 思想火花 ——

对存款发展中几个问题的思考 ·········115
对农行新业务发展策略的探讨 ·········121
对农业银行支持中小客户发展的思考 ·········127
关于提高银行盈利能力的几个问题 ·········134
理顺思路搞存款，转换机制筹资金 ·········138
试论农行转轨中沉淀资金的出路 ·········144
一棵树上为何结出两样果？
——对农行永济支行减亏增盈和绛县支行增亏的调查 ·········150

—— 娓娓道来 ——

华盛顿的进与退 ·········157
李鸿章与电讯业 ·········159
学习是一种使命 ·········161
瑞士人的"小气" ·········163

"冷"与"热"的随想 ·165
想起了凯恩斯 ·167
找回失落的价值 ·170
历史——读《明朝那些事儿》 ·172
创造新辉煌 ·173
关于民歌 ·175
感动 ·178
白云边 ·180
毕业照 ·182
风物流变乡村广告 ·184
茉莉茶香 ·186
一方茶 ·188
愚人节 ·190
毛家山：一段尘封的记忆 ·192
平遥印象 ·195
大连情思 ·199
北京小记 ·201
游凤凰谷 ·203
津门行 ·204
壶口观瀑 ·205
水峪口 ·206
圣天湖拍荷花 ·207
遭遇疫情 ·209
乡村牌楼 ·211
探访虞坂古道 ·213
夜居小记 ·215

誓为家乡添光彩 ·············· 216

愿友谊永远珍存 ·············· 218

观龙门石窟有感 ·············· 220

看春游"圣天湖"有感 ············ 221

我自豪，我是农行人（朗诵词） ······· 222

庆"三八"有感 ·············· 229

看见春天 ················· 231

送张利军主任赴任新疆 ··········· 234

种树 ··················· 235

—— 并州杂记 ——

一些并州的事和写在并州的事 ········ 239

向上攀登的路途才有风景（代后记） ····· 272
　　——一位南开学子在大学脱颖而出的心路历程 ······ 272

乡情一缕

最忆是故乡

一

小时候，在村里上小学。村子普通得很，不算大，也就两千来人，以农为本，民风朴实。没有听说出过进士、举人，拔贡倒有。离县城不远，也就五六里。学校在村西北，四面有土墙围着，校门呈八字形，两边白石灰墙上是用毛笔刷的粗大的黑底字，分别是毛主席语录：好好学习，天天向上；团结紧张，严肃活泼。学校最北头是灶房，然后从北到南两排十个教室，教室隔开一间就是老师办公的地方。西边是操场和果园。从幼儿园到初中比较齐全，学生也比较多。头排教室边的桐树上挂了一个铁钟，下边伸出二尺长的绳子，每天上下课由值日老师准时敲响。一声是上课，二声是下课，三声是放学。钟声响亮、浑厚、威严，照顾到了全校角角落落。

每天下课放学排队出来，走在巷里，很有气势。正好有许多刚下地回来的村民，有的扛着锄头，有的牵着牛，驻足在两边指指点点，这是谁家孩子，这个怎么不认识，那个是捣蛋鬼等等，快到家门口就从队伍中跑出来散去。除过一些本村的民办老师外，还有邻村的几个公办老师。靠近灶房的地方有一个地道，上面用杂物盖着。几个调皮的学生下去过好几回，有人手还被蝎子蜇了，肿得很，赶紧到村保健站抹药。

这大概是备战备荒年代的产物，据说和全校地下都连通着。每到期中和期末考完试，各个教室外墙上照例要贴上红纸写的成绩榜，学校也热闹起来，很多家长睁大眼睛在榜前搜寻着自己孩子的名字。排在前头的家长眉开眼笑，看见老师赶忙掏出一根纸烟，以示谢意；排在倒数的家长沉着脸悄悄溜了，回去假装未看榜，问孩子考得怎么样，孩子说，往前看，人山人海，往后看，校长一人。家长本来要狠狠教训一下，一听笑了：好娃，你不知用功，就只能一辈子打牛勾子后半截了。

那时候，家家日子过得都紧巴巴的。学费尽管只有几块钱，一些学生家也不好凑齐，快开学时就发愁。人家都开课了，孩子到校后，老师不让进教室，回来窝在家哭丧着脸不出门。家长只好求老师缓一缓，又去东挪西借。课本发下了，鼻子凑到跟前，使劲闻闻，纸香加墨香觉得也是人间美味，小心翼翼地写上班级、名字，立即收好，回家连夜就找来牛皮纸或废年画，把书包起来。

早上听到鸡叫的时候，就爬起来背上书包上学。家里没有钟表，有时候阴天鸡叫迟了，赶紧往学校跑。迟到的要在教室门口罚站呢。有好几次冬天下雪了，雪映四壁，我还以为天亮了，到学校门口，大门还挂锁，来早了，一个人影都不见，只好在雪地来回跺脚，两手缩进袄袖里，耳朵也冻得发麻，还需不时用手交替搓揉来取暖。或是满月时分，月照似银，又被迷惑，到了学校还是一片寂静，回去又怕迟到，索性追着地上的影子跑跑。

后来，各家要装小喇叭，一个薄薄的黑纸圈，圆喇叭形，中间是个磁铁线圈。每天早上七点整，"东方红，太阳升，中国出了个毛泽东"，乐曲准时响起，然后是新闻和报纸摘要播报。这下有了参照，时间就好把握了。学校要搞运动会，老师叫大家都得穿白球鞋走方队。这可把学生难住了，平时都穿家长手纳的棉布鞋，哪有闲钱买白球鞋。只有几个家长在外面干事拿工资的学生穿过白球鞋。没办法，在黑条绒布鞋的帮子上用白粉笔涂抹一番，然后在院里晾干，土法上马，还真像。只是走方队时腿脚不敢用力，怕把白粉震掉，总算应付过去了。打篮球的则必须穿白背心，还要带号码。有人就把自己家做的白布背心拿到县城街上油漆门市部，套在剪好的塑料模子上，用刷子刷出一个大红的数字，穿上也很醒目。穷人也有穷人的智慧，日子总是要过。

二

三年级开学不久，就要学写作文了。老师出了个题目，叫反击"右倾"翻案风。许多同学抓耳挠腮，摸不着头脑。我也只好央家长从大槐树下的生产队副队长家借了一张最新的《人民日报》。报纸头版满满一版文章，标题是黑体字，很大很醒目，内容似懂非懂，囫囵吞枣，东拼西凑抄了一段社论交了差。班里有许多从高年级留级的学生，还有留过两级的，以至于兄弟俩或姐妹成了同学。老师对学习倒抓得紧。有个同学脑子很灵，在班级考试也排在前面，就是爱看闲书。老师转身在黑板上写字，他就低头把一本《三国演义》放在桌子下边，看入神了，老师提问也未听见，最后挨了批评，书也被没收了。一段时间后，那位同学从老师那儿领了书后又沉浸其中，放学路上绘声绘色地给大家讲一些刘备、曹操的精彩片段，学习慢慢就耽搁了，毕业后一直留在村里务农。

下午放学后，老师坐在讲台上，学生一个一个到老师跟前背课文，背过的就可回家。背不过的要留到很晚，罚抄一遍课文。家长等吃饭不见回，在巷口往学校方向不时地焦急张望。还有一个男生，家长在外地干事，村里只有他和爷爷两人，经常逃课。老师指派我们两三个同学去找他。他家在村东头，朝北有两三眼砖箍的土窑。我们到门口时，大门并未上锁，开了门关子，就进了大院。连着喊叫同学的名字，无人答应，看来他爷爷上地干活不在家。没办法，就进了窑里，找了一遍无人。最后发现窑后有一个黑木立柜，拉开柜子门，男生果然蜷勾在里面。看见我们极不情愿地爬出来，背着书包一块去了学校。过去各家几乎都有一个漆得乌黑的大立柜，存放织的棉布、衣服被褥。立柜里面空间很大，藏一两个小孩没问题，我们玩捉迷藏时也经常在立柜里躲过。男生爷爷去世后，就离开村子，去了家长所在的城市。三十多年再无谋面，据说目前回到家乡所在的县城做房地产了。

夏天还好过，冬天上课时，许多男生的脊背却不时地在后面的课桌上悄悄磨蹭。原来，大家穿的都是用自家织的布并手工缝的棉袄，袄缝里特别容易长虱子。冬天洗得少，只在腊月底要过新年时才大洗一次，火烧一大锅热水，倒到大铁盆里，蘸上肥皂，搓洗一下。时间长了，棉袄缝里就长满了虱子，咬得浑身发痒。晚上回家后，脱下棉袄，把袄缝过一遍，摸出的虱子丢进煤油灯的火苗中或是土炉子里，听着传来啪啪的响声，心里才畅快些，然后再涂抹些虱子药。女生头发长，里面长满虮子，也痒得难受，不断挠着头。回到家，烧些滚烫的开水，把头发浸进脸盆中连洗带烫，拿木梳子一刮，总有几十个白白的虮子落下来。太阳好的时候，中午放学，出了校门，能看见三五个老头儿靠墙根儿坐成一排晒暖的，有些把棉袄敞开，手伸进怀里去捉虱子。

学校东墙外有两三户人家，然后就是田地。正值隆冬时节，一垄垄春小麦无精打采地低着头，等待春暖花开，星星点点的残雪还流连在冻得发硬的田埂下。出校门向东有条小路，路旁是一溜儿土崖，崖下有几十棵桐树。住在村东头的学生们每天上下学都要从此穿过。冬天日头短，中午放学只休息一会儿，家在村梢头的同学就不回家了。有三个同学结伴在丈余高的土崖下玩耍，追逐嬉闹，像打雪仗一样，捡起落下的桐树叶子往别人身上抛洒。看见崖上有个很大的马蜂窝，就用土块乱砸，一会儿工夫出了一大群马蜂，怒气冲天追过来。三个同学一看闯了祸，吓得抱头逃窜，掉在最后的被马蜂蜇了，痛得直喊叫，头上立刻起了大包，哭着跑向村保健站。

两个同学赶紧给老师报告，老师叫了几个村民，扛着梯子，拿个竹竿，过去察看。马蜂仍在铺天盖地发疯似的乱舞，大家不敢近身，挤在一起远远看着，商量办法。有个胆大的村民脚上套个翻毛皮鞋，穿了个棉大衣，头上顶个化肥袋子，把梯子架到土崖上，拿竹竿照着马蜂窝狠劲戳，终于把尺把大的像葵花盘一般的蜂窝捅了下来，顺手从地上抓起两把桐树叶子盖在蜂窝上，赶紧拿打火机点着。随着火苗蹿起，一群群马蜂烧焦了翅膀，纷纷掉落到地上，失去了威风。大家紧张得浑身都湿透了，要上学的学生听到消息，密密麻麻地围拢过来。等到一片宁静后，才小心翼翼地凑过去。蜂窝已经烤得像霜打了的莲蓬，早泄了气。惹祸的两个同学从人群中挤出来狠狠踩了两脚，然后跟着老师去保健站接受伤的同学了。

该上晚自习了。教室没有电，大部分学生都会拿一个自制的煤油灯。白天就放在教室两边的窗台上，像是煤油灯的展览会，高高低低，五花八门。我找来空墨水瓶，又把废自行车胎上的气门嘴剪下来。再把墨水瓶盖中间钻个洞，气门嘴穿过去，上下螺丝扣紧，再往气门嘴里塞上一根布条作为灯捻子，煤油灯就成了。煤油是在村供销社打，三毛七分一斤，家长一般给四毛钱，拿一个空酒瓶子去灌。供销社柜台外地上立着一个大铁桶，售货员老王拿一个漏子从瓶子口上套进去，再在桶里舀上一提子，顺着漏子灌进去，正好一斤，滴水不漏。收了钱，不用找钱了，拿出两三颗糖块，两清。家里条件稍好的，用买的罩子灯，很威风，上面卡一个玻璃罩子，亮度大，不怕风；再讲究的有直接点蜡烛的。

晚上自习时，教室里煤油烟味四处弥漫，点点灯火，闪烁跳跃，照亮了孜孜不倦、刻苦用功的农家学子的脸庞。所谓"早知书内黄金贵，夜点明灯下苦心"。有人偶尔进出，随着教室门的关开，煤油灯的火苗不断跳蹿，好一阵才能稳下来。也许是凑在灯前太近了，有些女生的头发被火燎了一些，男生的眉毛被燎得也不少，鼻孔熏得乌黑，手上也是一股煤油味。有时候灯点的时间长了，把塑料瓶盖都烤化了，第二天就重换一个盖子，继续用。放学时，四周一片漆黑，有几次我和同学在学校果园摘了一些蓖麻，找来铁丝，把蓖麻子在铁丝上穿成一串，出了校门点着就成了火把。后来，在供销社买了一个手电泡，两节电池，裁了一截废电线，拿硬皮纸把电池卷起来，用电线连接正负极，做了个土手电，尽管不聚光，总能照亮回家的路。电池的电快耗完时，拿一根长钉子，在电池后面钻出三个洞，灌进浓盐水，手电泡就又亮起来了。

三

家里院子里有棵枣树，一丈来高，枝繁叶茂，七八月的时候结满了枣子。中午放学后，书包一搁下，我就爬到树上摘枣。站在枣树上，觉得自己一下高大了许多，飘飘欲飞。阳光无遮拦地洒在树上，照得人眼睛直晃。这时候看见各家的炊烟在屋顶升腾，一股草木燃烧味扑面而来。在枝丫上靠稳，摘两颗红了眼圈的青枣，在裤子上擦一下，先解一下馋，一口一个，清脆甘甜。然后再把两个裤子口袋塞满。这时候，下地回来的母亲刚好做好了饭，就赶紧溜下来吃饭。在北房西围墙台阶角，用砖头垒了一个鸡窝，有三五只鸡。白天，鸡就在院子里自由溜达，啄啄虫子，叼叼菜叶，自然也要撒把小米，给鸡窝前的一个白瓷碗里添点水。下午搬个凳子在院里写作业，几只鸡总在腿边缠扰。脚踢一下跑远了，一会儿又来了。晚上要把鸡窝门关好，有一次半夜听到鸡窝里传来凄厉的叫声，赶紧去看，一个黑影窜出，原来是黄鼠狼来骚扰。鸡窝靠边的地方铺一些麦草，那是鸡下蛋的宝座。鸡下蛋一般比较准时，看见鸡从窝里出来，咕咕叫，我就跑过去，把手伸进鸡窝，从麦草坑里把鸡蛋拿出来。这时候，鸡蛋还带着温度，有时候在眼睛上暖一暖，觉得很舒服；有时候，把鸡蛋对着火红的太阳，眼睛使劲盯着，想探究里面的奥秘。最后到东房，把鸡蛋小心翼翼地放进一个灰陶罐子里。鸡屁股也是银行，很多人家在攒够七八个以后就赶紧卖掉，换些油盐酱油或点灯的煤油。醋是不需要的，家家都有个小缸，里面放进几十个柿子，倒点水，捂紧，过一段时间就成柿子醋了；油是要凭油票，每家每年供应也就三五斤；盐是运城盐池产的大颗粒粗盐，盐头大略有苦味，拿回家要用擀面杖或是瓷碗边碾细才装到盐罐子里。当然，鸡蛋还有社交用途，拿手巾包上四五颗，到队上有娶媳妇嫁女子人家表示祝贺，按晋南风俗叫"洗头"。爷爷腿痛，每天拿开水冲一个鸡蛋，然后就着汤喝一颗镇痛片。清明节要蒸很大的白馍，其实白面只是薄薄一层，下面就是颜色深的粗面了，馍的正中要高高立着一个鸡蛋，里面往往还埋伏着一个枣或者核桃，谓之"子福"，即子孙有福之意。祭奠完祖先后，男孩子就可以分而食之。我过生日的时候，才破例吃了一颗煮鸡蛋。

在农村，各家孩子都必须要参加劳动的，许多时候还是家里不可缺少的重要帮手。下午放学后，最重要的任务是割草。胳膊挽一个竹筐，筐里放上镰刀，叫上两三个同学，到地里割草。各家不是养羊就是喂猪，都等着新鲜草料呢。先要找草多的地方，地头崖边，到处跑。大路货的草都认识，灰条子、人旱菜、马齿苋、扫帚苗，割得最多的却是狗尾巴草，苜蓿地是队里饲养牛马的草料场，大家最想去，又怕被队里抓住。

有一次，队里的葱被人偷了，贼抓住了，是邻村的一个瘦高个子中年人。队里的惩罚是，在中年人的脖子上挂一个纸片，上写"偷葱贼"，一手拿一个洋铁小簸箕，一手拿一小笤帚，边走边敲，在村里游行一圈，还有个妇女上前吐了一口。那个中年人哭丧着脸，被人笑话丢了人。实在找不下草，杨树叶子或是红薯秧子代替。碰见路边红艳艳的酸枣，忍不住随手叼几个，塞到嘴里一嚼，哎呀，酸得眼泪都出来了。秋天的时候，看见地里柿子树上有熟透了的软柿子，就踮起脚尖，一人拿镰刀钩住枝子，另一人趁机摘下几颗，大家把柿子在袄襟上轻轻一擦就吃起来，滑溜溜，甜丝丝，小小过了把瘾。筐子满了，天也快黑了，赶紧回家。一进门，羊立马咩咩叫着，绕着缰绳奔过来，抓出一把草，搁在它脚下，它就温顺下来，安然吃起来。

吃水也是各家的难题。人要吃水，牛羊也要吃水。村西头有个池泊，是一二队社员主要取水地方。遇到大雨，巷里的水都流过去，也有防洪的功用。对修池泊还有印象。年三十吃罢饺子就大干，正月初一也不休息，池岸旁插满红旗，在寒风中招展。池沿边的土里分散立了几根柱子，柱子上套个小平车铁轮圈，一条大绳绕在上面。池底下一车土装满了，挂上大绳，后面两三个推车，池顶正好有空车下来，挂住绳子的另一头，上面再坐两个人，这样轮圈借力转起来，运土就省了不少劲。池中间密密麻麻的男女拿着镐头、铁锨，有挖土的，有往小平车上铲土的。

家里屋檐下有个盛水的大瓮，上面有个木盖子。下雨时，掀开盖子，雨水就顺着屋檐水槽飘落到水瓮。但不管是池水还是雨水，都要撒点白矾，沉淀一下才能喝。平时，我和姐姐拿一铁桶、一木棍，到池边石头台阶水面处，把桶舀满，然后两人抬着，倒进水瓮。后来我一人拿个扁担，找了两个油漆小空桶，看见水瓮里水少了，就抽空到池里担水。遇到天大旱的时候，池里水也见底了，边上土已经晒干裂成鱼鳞网，只好到上水井挑水。上水井是口老井，几十米深，不知修于什么年代，在巷口过了大槐树十数米的荒园子旁，平时少有人来。井台的大石头上长满了绿苔，井壁周边被绳索磨出一道道石槽，井绳粗大，当井轱辘绞上水时，胳膊发麻，头上汗也出来了。

"五黄六月，秀女下床。"麦收抢收时节到了，乡村就进入了最繁忙的战时状态，男女老少要全部出动，连新媳妇也不例外，谓之"龙口夺食"。因为遇到连阴雨，麦子倒伏或发霉就会减产，造成损失。青壮劳力全部割麦，每个人都头戴草帽，挥舞镰刀，甩开膀子。毒辣辣的日头，晒得人脊背上脱层皮。汗珠子落在干透的土里，瞬间就了无痕迹。镰刀嚓嚓响处，麦子纷纷倒在人身后。老年人在后面负责捆麦子，先把麦子收集到一堆，拿出两小把，交错扭在一起，形成"腰子"，即捆麦子的绳子，从麦堆下穿过，两腿压住一用力，再一箍，麦捆子就成了。

其他人专门赶着牛车把麦捆子装好，运到村里打麦场。地头有人送来一铁桶绿豆水，桶边挂个葫芦水瓢。领班还带了块磨刀石。间或有人到地头拿起水瓢牛饮一番，顺便往磨刀石上喷两口水，把镰刀用力在上面蹭两下。学校专门放麦假。我拿镰刀跟着家长，认了麦行，弯腰割起来，旁边也有乡亲指点，很快熟悉，速度也提高了。干上一天，腰酸腿痛，脸上汗水和泥土粘在一起，形成一道道印迹。只是，我对麦芒过敏，每次割完麦子，胳膊上就出满了红点点，发痒难受。后来就全副武装，戴个线手套，穿长袖袄并把手腕处扣紧。土地到户后，家里一下子有十几亩麦子，收割时亲戚都过来帮忙。上高中时，还叫了七八个同学帮助割麦。

麦子运回村外的打麦场堆放好后，怕别人偷，晚上还得看场。我和隔壁本家的孩子，拿了凉席和棉被子，晚上就睡在打麦场自己家的麦堆旁。忙碌一天的村庄终于安宁，旷阔的打麦场，四周一片寂静。躺下来凝望星空，繁星闪烁，令人遐想。因为疲劳，不知不觉就进入了梦乡。后半夜潮气升起来，把被子打得湿漉漉的，早上起来赶紧把被子在麦堆上摊开晾起来。碾麦时，正赶上好天气，用木叉先把麦子捆散开，摊成一个圆形，晾晒一会儿，然后让牛拉着石碌碡绕圈反复碾压。停下来时，拿三股叉翻场，把碾过的麦子全部上下翻个底朝天，再碾才能碾透。牛也喘着粗气，如果尾巴翘起来，就要赶紧把木锨垫一些土伸过去，小心把牛粪接住，倒进旁边的树坑里。打麦场上人声鼎沸，热火朝天，七八场麦子同时在碾打，一群儿童绕着麦堆追赶玩耍，捉起迷藏，演绎着一个个和谐的丰收奏鸣曲。

　　碾完麦子，还未大功告成。必须立即把麦秆挑走，垒成麦秸垛。这也需要技术。一人站在中间，其他人拿三股叉一趟趟挑来麦秆，中间的人把麦秆码平，苫子接好，踩实，垛子就一层层耸立起来，最后，还要像伞盖一样，戴个帽子，防止雨水灌进使麦秆发霉。每年都有意外发生，垒麦垛的人站在高处脚下打滑，摔下来骨折了，邻村还有掉下来直接丢了命的。一个个麦秸垛，像排列整齐接受检阅的方阵，打麦场一下雄壮起来。之所以要如此认真地垒麦秸垛，不是为了好看，而是麦草还大有用处，这是冬天喂牛马的基本草料。有牛马的人家，牲口棚下都有一个大铡刀，铡刀张开，一人塞麦秆，一人压刀，麦秸就裁成寸来长，和青草拌在一起，有时还要添一勺麦麸，这是最好的饲料。黑炭比较贵，一般人家用不起，灶房做饭就烧柴火，抽一把麦秸，火柴在下面轻轻一点就着了，于是做饭时家家户户的烟囱都飘出麦草的味道。

　　在收拾麦秆的同时，一群人围在一起，用推板、木锨、扫帚各式工具，把碾好的麦子快速集中到一堆。然后，四个人各把一角，把放在角落的木扇车抬过来，看着风向，调整好位置，扇场就开始了。扇车少，各家要排队用，很多时候就到了晚上。点上两盏马灯，挂在扇车上面角，一个妇女爬到扇车顶，坐在小马扎上，手里拿一个很大的柳条簸箕，下面是一排木转轮，簸箕放上后可以左右摇摆。摇扇车一般需要两三人轮换，先用摇把慢慢启动，木风叶就开始转，然后加速，风就起来了。一人拿木锨铲起麦子用力送到簸箕上，然后簸箕转动，风力就把麦子和麦壳、土屑进一步分离，像雨点一般飘落下来，近处的是干净的麦，远处的是麦壳或者杂物。

在灰暗的灯光下，每个人脸上都冒着热气，身上头发上落满了厚厚的麦壳和土屑，汗湿透了衣服也顾不上停下来。摇扇车不能用猛力，胳膊乏得抬不起来就得换人。扇车停下时，已经半夜了。人们忘记了疲倦，立马围在一起，把扇过的麦子，用工具装到帆布袋、废化肥袋甚至旧衣服改做的各式各样、大大小小的口袋里，再用细麻绳仔细把口绑结实，小平车运回家，心才放下来，可以睡个安稳觉了。紧张的夏收终于告一段落了。

歇上三五天，乏劲缓过来了，还得再忙，要赶紧晒麦子。麦子必须晒得干干的，不然容易潮湿发霉或生虫子，不好保管。大部分家庭的院子里都有块很小的水泥地或是屋下的砖台阶。挑个响晴天，先把水泥地和砖地扫干净，然后抬出几袋子麦子倒在地上，用木耙子均匀搂开，耙子过处，梳出一道道整齐的沟垄。一会儿工夫就得用耙子再翻一次，让麦粒都见光并晒透。晌午时分，太阳像火一样毫无遮拦地烤灼着，拼命吸吮着麦子中的水分，这时候赤脚犁翻麦子，脚底板都发烫。天黑的时候，把晒干的麦子再收起来。因为地方小，要十天半月才能晒完。有些人家嫌慢，直接把麦子拉到学校操场，土地上铺上塑料布，然后把麦子摊开。大片的麦子，整齐的线条，像跳动着的音符，也像翻卷着的波浪，很是壮观。这样三五次就完事了。还有的把麦子拉到村外的沥青公路上，占上半边路，把麦子撒上一长溜。照看的人躲在树荫下，躺在凉席上，抽空翻着闲书。

晒好的麦子最终要颗粒归仓。所谓仓，就是麦囤子，在屋子里的砖地上拿席子围起来，然后拦腰缠一圈绳子，麦子就倒进来，储存起来。歉收的时候发愁吃不上饭；丰收的时候也发愁，缴完公粮后，囤子装满了，多余的麦子放不下，各家就各显身手了。一般是收拾几个大小不一的水瓮，依次排开，装得满满实实，然后在麦子顶上放上一包"六六六"之类的防虫药,还要防老鼠,用泥把瓮封住或是两个半圆的水泥盖板盖严实。实在找不下地方了,还有的就把多出的麦子干脆放到棺材里。晋南农村家有六十岁以上老人,都有提前做棺材的习俗,怕到时手忙脚乱。

也有例外。大约是上三年级,夏收时学校派给我的任务是站岗。作为红小兵,要保卫夏收成果,防止阶级敌人破坏,防止有人偷盗集体财物。我和另一同学,戴上红领巾,拿个木头枪,用酱油瓶子灌了一瓶水,从学校找了一块小黑板,拿白粉笔写上"站岗放哨,保卫夏收"字样,到村西头进村路口站岗。站累了就坐在人家门口的石墩上,也和周围几家拖着鼻涕的儿童开玩笑。中午和晚上下工时,是关键时刻,我们站成一排,木头枪挎在胸前,睁大眼睛,扫视着每个进出的人。有赶着牛车满载麦子往打麦场送的;有肩上放着镰刀,镰把上吊个用花花绿绿布头缝起来的馍布袋;还有的胳膊下夹一把新鲜的大概叫苦子蔓青草,人再忙,牲口的嘴总不能吊起来。无论男女,满脸疲惫,脚步匆匆。有吃奶小孩的,家中老人早就牵着孩子等在村口。天完全黑下来,我们把黑板和木头枪小心收好,放在人家的门后才回去。半路,老师还查过一次岗,说有异常情况要立即报告。

十天左右,我们又轮换到村东头的路口。这儿有个庙,有几间破旧的房子,墙围子上却是新刷的很醒目的大白标语"防火防盗,颗粒归仓"。前面是个大槐树,我们把黑板挂在槐树枝丫上,坐在庙前的台阶上,俯下身子抽空写点作业。短短几天后,东头很多家的人就熟悉了,有些还能叫出名字,还有看孙子的老奶奶给我们送了两把枣,现在还能回忆起他们的形象。麦假结束,平安无事。后来回想,还是有一些事。有的妇女下工后,故意落在后面,在苜蓿地里悄悄揪两把,藏在衣服里,看见鼓鼓囊囊,当时没在意,也不好意思检查;还有的在割过的麦子地蹲下来拾了一些未割净的麦穗,放在馍布袋里。民以食为天,在饥饿的年代，为了吃饱饭，偷偷摸摸，总归可以原谅。

四

土能生万物，地能发千祥。农民土里刨食，自然把土地看作像命根子一样重要。不用说地里头，就是房前屋后只要有巴掌大地方都要种瓜点豆，不能闲着。即便面朝黄土背朝天，一辈子在土地里摸索着，也希望用自己的勤劳和汗水感动上苍，得到大自然最大的回馈。春种秋收，夏耘冬藏，地里的活似乎永远也干不完。此时，半大小子们也是家庭的重要劳力。种麦子的时候，摇耧把式在后面摇耧，家长负责撒肥料。我在前面牵着牛，顺着地上的土垄，端直前行。牛喘出的粗气，不时喷到脸上，湿湿的、热热的，刚散开又来了，使人脸上痒痒的。快到地界处要格外小心，需攥紧绳索，不时地校正牛的方向，避免麦腿儿越界。所有人家的地界处都有白灰撒的灰眼，然后在地两头灰眼上一般都立块砖头或放树枝作为标志。常有因为麦腿种过界，发生纠纷的。很多时候经中间人说合后，多种的赔点麦子。还有的结下疙瘩，形成了很深的矛盾，多少年不来往。

从生产队分的牛性情还算温顺。夏天的晚上九十点，我还需要给它添一次料，牵出牛棚时还帮它拍打过牛虻，梳过牛毛。随后我也学会了"牛语"：喊"哒哒"，牛就向左；喊"咧咧"，牛就向右；喊"喔"，牛就停下了。当然，需要绳索和鞭子的配合。再以后，一个人也能把牛套到车辕里，戴好笼头，上紧鞍子，拿起鞭子，赶着牛车去地里送粪。有一次，到村口巷里转弯时，圈子转得太小，车还翻了，出了小小的事故。好在是空车，人也无事。

棉花是那时候重要的农作物，和缴公粮一样，也有任务。棉地里的劳动异常繁重，先要选好棉籽，在棉籽上拌上呋喃丹农药，为的是播种后防止土里的虫咬。棉花枝条长大后要剥芽子，打顶子，还需打农药，消灭棉铃虫和红蜘蛛。背着数十斤的塑料喷雾器，在半人高的棉花行里艰难行进，很多时候后背的汗水和飞溅到身上的药水搅在一起，回家赶紧拿肥皂小心翼翼洗净。有时候也拿个倒了点农药水的瓶子，直接拿手捉棉铃虫，放进瓶里。棉花成熟的时候，像无数白色的珍珠，也像开心咧嘴的花朵。妇女和孩子们每人腰里缠一个布包袱，弯腰摘棉花，一天下来腰疼得几乎直不起来。摘完棉花，就得把地腾出来。拿上铁钩子、铁夹子，把棉花树连根一个个拔起，手背上被干枯的棉花枝条和空棉花壳划出无数道道，手心则磨出了几个血泡。棉花秆，也叫棉花柴，耐燃烧，不能扔，和麦秆一样当作柴火，拉回家还有大用处，一冬做饭就有了保障，正好黑炭也买不起。晚上，在土炕的火口塞进一些晒干的棉花柴，用麦秆引燃，噼里啪啦蹿起了火苗，随后透过土坯，透过苇席，被子有了温热，炕头就不再寒冷。

留下深刻印迹的自然不能少了红薯，它是每个家庭的口粮，也是抗拒饥饿的最后堡垒。印象中当时的品种叫巴巴山，估计是四川大巴山的品种，因为各家养猪，也是四川的内江猪。村人并不知内江是个地方，这种猪喝凉水都长膘，头短宽，能吃能睡，容易增肥。所以，和较肥胖的人骂架时，妇女们时常会甩一句：内江猪，这已属于比较恶毒的语言了。巴巴山产量大，吃起来却丝多，不甘甜，但一是无选择，二是先填饱肚子再说，顾不上讲究，剥下的红薯皮还要喂猪呢。有些人家节俭到了极点，吃红薯时连皮都一块吃了。当然，红薯有多种吃法，除过蒸之外，红薯汤、红薯饼、红薯拌面已习以为常。有人家把红薯切片晒干，到磨面坊磨成红薯面，蒸出红薯馍。好吃，但消化起来很难受。烤红薯最受孩子们欢迎。冬天，晚上睡觉前在炉子边放上几个，炉圈盖住，早上上学拿出来，热乎乎的，黄灿灿的，走在路上掰开吃，一股热气和香味立刻扑面而来，驱散了严寒，温暖了心灵，幸福极了。与此同时，书包里往往还塞着一块带着冰凌茬子、硬邦邦的玉米面馍呢。在过年时，则要用油炸些红薯块，春节招待亲戚时放在火锅中或放些白糖直接上一碗。

出红薯是个重活，往往全家出动。先把红薯秧子割掉，但要留下寸把长，好辨认红薯窝。然后抡起三齿镢头，从土里把红薯刨出来。虽是深秋，凉风已紧，但抡镢之人汗流浃背，热气腾腾。镢头过处，红薯便神奇般从土里冒出来，带着新鲜的泥土，红艳艳的，一个藤蔓上总能结出大大小小三五个，像兄弟一样聚拢着，在地上有序排列。最大的红薯像牛腿一般，我们总要跑过去抱起来掂一掂，感受一下植物的神奇，想着应该是这块地里的薯王。日头正顶了，从馍布袋里摸出半个馍，就着一截大葱，水壶里喝上两口，然后躺在红薯秧子上，双手枕在头下，望着蓝天。身下软绵绵的，特别舒展，微风从耳边穿过，大地显得分外宁静。一丝丝白云在天空自由自在，不断变换着姿态，近了又远去，自己仿佛也飘起来，变成了绵羊，变成了白鹅，变成了一团棉花……迷迷糊糊中听见家长的吆喝声，赶紧爬起来，掰掉红薯上的泥土和残余的秧子，把红薯装到筐子里，拿平车一次次拉回家。又放到一丈深许的红薯窖储藏，心里才踏实下来。因为红薯不易保存，容易腐烂，要吃几个月呢，自然马虎不得。当然，多余的红薯还要粉碎成红薯渣，拿大水瓮压出淀粉，交给粉坊，换些粉条。

尽管物质生活贫乏，但农村生活也有许多乐趣。放学后，约上三五个伙伴，到同学家或是在巷道里玩耍，主要的游戏有三种：

一是滚铁环，我们叫滚桶圈。就是一二十厘米高、约一指宽的一个铁环，原来是做木桶时固定板子拦在腰上的箍子，所以叫桶圈。现在已经很少能见到这种桶圈了，大部分是用粗铁丝焊成铁环。滚桶圈重在掌握平衡。拿一根约一米长的铁丝，一头扭个手把，一头扭个U型钩子，然后，把桶圈立起来，手轻扶，铁钩子一推，桶圈就滚起来，越用力，滚得越快,人也跟着跑起来。要停下时,拿推子在桶圈上一钩就离了地,立马刹住。我们在土地上用脚尖划出一道线,然后一人喊开始,大家就飞奔起来,跑得满头大汗。学校也组织过比赛,几十个学生拿着高高低低的桶圈,一声令下,争先恐后,煞是壮观。优胜者还领了奖状。

二是顶拐子。就是用一手抱住腿腕,另一脚在地上跳动,自己膝盖和对方膝盖去顶,倒地的就输了,既可两人玩,也可三五人玩。欲进攻必先后退,然后才有冲击力。最后,多数还是身强力壮者赢。但也有技巧,弱势方也可灵活避让,消耗对方体力。

三是打戒尺。印象是在远处先竖起一块长二十厘米、宽八九厘米的长方形木板,后面用砖头块靠住作为靶子,三米和五米远处分别画一道线,然后站在远处线上,拿另一块小木板,弯下腰瞄准前面的靶子扔过去,然后单腿跳动,到小长木板处后,用力击打最前方的木板,打住木板者为胜,另一腿中途落地即淘汰。女生则主要是丢沙包、踢毽子。这些游戏不仅增强了体力,也使得灵活性、协调性得到锻炼,更主要的是增进了同学间的友谊。

那时候,地里有很多禾鼠,对庄稼糟践很大,经常把小麦、玉米咬得七零八落,大家都痛恨。我在帮大人掰玉米时,看见有禾鼠竖起前腿,站得老高,更多时候是在窝门口探头探脑,拿个土块砸过去,立即钻进洞。大队就号召社员打禾鼠,学校也给学生分配了任务,交禾鼠尾巴。打禾鼠不是件容易的事。有人往地头拉了一大铁罐水,罐子口上插上一截塑料管子,伸进下面的水桶。人对着管子嘴猛一吹,水就引出来了,提着满桶水灌进周围的禾鼠窝。一桶不行再来一桶,然后拿个铁锨守在窝门口。一会儿禾鼠就迷迷糊糊地从水里湿漉漉地冒出来,赶紧一拍,就捉住了。还有人拿来老鼠夹子,上面扳机处插块馒头,张开后放在窝门口。这个一般效果不佳,禾鼠很狡猾,头探出洞口,就是不上钩。

我在家里找了一些细铁丝，拿钳子做了几个环形套子，手塞进去试了试，越用力铁丝套越紧，很灵敏。又找来几根竹筷子，系在铁丝尽头。到地里，把套子分别放到禾鼠洞口，大小调整到正好和洞口一般，把竹筷子使劲插进土里面，固定好，防止禾鼠套住后挣脱逃跑。一会儿就听见有挣扎声，禾鼠出来，脖子被套住了。如此这般，终于完成了学校的任务，也消灭了庄稼的祸害。有人把禾鼠洞挖开，从里面找回了一些玉米棒子；有人还把禾鼠肉吃了，把禾鼠皮晒干，积攒了十数张后，换了钱。那时候猪羊养大就赶紧卖了，钱早就规划好用处。各家也很少吃肉，一般是熬一些猪油，放在罐子里，炒菜时夹上两筷子，或是把热馒头掰开，涂上一勺子猪油，立即香喷喷地吃起来。

还有小孩子抓了知了和麻雀，拿泥包住，点把柴火，在锅灶窝里烤熟，打打牙祭。麻雀只能冬天捉，下雪后找一个竹筛子，用半尺长木棍撑起来，下面撒一把小米粒，木棍底系一根很长的绳子，然后几个小孩躲在远处，看见麻雀到筛子下面后，赶紧拉绳，就扣住了。运气好的时候，还有人扣过鸽子。

五

离我家约三百米就是主巷道，丁字口有一棵大槐树，是老二队后来第四生产队主要集中地。槐树上挂着一口钟，中间系着一短绳子，每天上学时看见队长早早地站在槐树旁的小台子上，敲钟催大家上工。树后的墙壁上有一块黑板，光秃秃的，并没有放粉笔的地方，写的时候队长才从裤袋里摸索出一两个小粉笔头，替换着写，写完又小心地收起来。上面则是用白粉笔写的派活的名单。比如：割苜蓿，二蛋、四女；棉花打尖子，水仙、梅花等。喂牲口，六娃。一般只写名字，不写姓，有些甚至是绰号。总在一起劳动，相互都知道是谁。夏天吃饭时，都端着粗瓷碗，蹲在各家门洞口边吃边和邻居聊天，碗里吃的什么饭，相互都清楚。大家扛着铁锨、锄头、镰刀各式工具，从四面围过来。人到齐后，队长把名单一宣布，记工员记好，大家就四散上工。也有人在后面磨蹭，嫌搭配干活的人平时偷奸不出力，还有的抱怨派的活重。队长眼一瞪，脸一拉，就都不言语了。

有时候还要训话，主要是对上一天劳动出勤情况点评，叮咛大家不能迟到早退，不能偷懒，不能磨洋工，特别是不能偷苜蓿，不然就扣工分。妇女队长是队长的助手，一般由泼辣吃苦威信高的年轻媳妇担任，每天带着队里的妇女干活。"三个女人一台戏"，妇女们说说笑笑，叽叽喳喳，但暗地里也相互比赛，手里的活却不耽误。邻村有个打井队全部是女青年，叫"铁姑娘战斗队"，妇女能顶半边天，广阔天地炼红心，在全县很出名，队长后来还被推荐上了大学。

工分是农民的命根子，也是农村劳动价值的核算手段。牵扯到年底的分红和口粮的多少。许多孩子多、劳力少的人家，一年到头可能不但分不上红还要倒贴钱。同样是劳动，工分也分等级，有讲究。有全劳力、半劳力之分，还经常开会根据出勤和质量评工分。农活也永远干不完，夏天的晚上，各家都还有送粪的任务，要算土方，月光下，拉粪的小平车来来往往，小孩子也跟在车后，遇到上坡帮家长推一把，回来空车时坐在车斗里，一会儿就睡着了。队长则在村口拿个尺子，量下长宽高，算好土方，做记录。这些都是队长的权力。队长并不老，也就三十多岁，长脸，高个儿。在巷里背着手走过，很威严，大家都毕恭毕敬地打招呼，还有人递上纸烟。人家接过后并不马上抽，顺手夹到耳朵上。当队长，必须是贫下中农子女，家庭成分好，根红苗正。队长家是贫农，本家叔叔是村里贫下中农协会代表。连续几年六一或国庆，村小学都要邀请贫协代表坐在主席台上，苦口婆心，给大家忆苦思甜。去世时村革委会还隆重地开了追悼会。

当然，在阶级斗争年年讲、月月讲的年代，村里还经常组织开对地主富农的批斗会，诸如让地主戴白纸糊的高帽子在巷里游行等等。日子循环重复，忽一日，世道变了，要家庭联产责任制了。地分了，牲口分了，农具也分了。大槐树下的钟不再敲了，黑板上的字迹也停留在那儿模糊了。队里的人好像挣脱了无形的枷锁，把汗水都滴洒在自己的土地上。成分取消了，原来在村里被歧视得抬不起头的人们也扬眉吐气了。队长以往尽管也下地，但主要是指挥，农活也不精。但孩子渐渐长大，也要吃饭，只能指靠自己了。后来，把自己家临巷的墙上起了窗，开了小卖部，还在自行车后座弄了个筐子，捂起来，到县城叫卖热玉米棒子，乐此不疲，脸上也有了神采。

六

过年时村里也要响应公社号召，过一个革命化的春节，照例要在主要巷道挂一些彩条，在村东头和西头竖起秋千。脚不沾地、忙了一年的庄稼汉也要放松放松。打秋千是过年时的一大乐趣，但竖秋千是个技术活。我看见几个精壮的小伙子帮忙，由木匠指挥。一边竖两根长椽，中间放一根横木，捆扎好，架子就搭起来了。左右分别用粗大的绳子固定在树上或石头上，以保证安全。在秋千的绳索上还要系上红绸子，在木架子上贴上红对联，有时候还要放一挂小鞭，增加喜庆气氛，权当剪彩。正月里也是农闲时分，秋千旁看热闹的人很多，特别是围了一圈妇女小孩。有打秋千的会用巧劲，站在秋千板上，身子一弓，脚用力蹬，两手把绳索张开，一下就飞起来了，最后几乎要和秋千一样高了，下面的人都捏把汗，屏住呼吸，不敢出声，等到平稳落地后，掌声才响起来，大家纷纷羡慕喝彩。有的不会用力，折腾到冒汗，还是打不高。还有的小孩坐在秋千板上，把绳索抓牢，大人则正对小孩站着，秋千飞得高了，小孩吓得直哭，就慢慢停下来。还有两个人都站在上边荡的。人少的时候，几个小孩绕着秋千玩，一个坐在秋千上，其他几个在后面一推就跑开了，轮换着过过瘾。

当然，村舞台上也演过戏，主要是蒲剧折子戏和眉户，演员都是村民，排练时我们经常在旁边边玩耍边看稀奇。最主要是样板戏，有《红灯记》《洪湖赤卫队》《沙家浜》。看见刁德一屁股后面挂的盒子枪，枪套子上还别着金色的子弹，尽管是道具，我们仍眼馋得很，都想玩一玩，却终究没有机会。还排过豫剧《朝阳沟》，栓宝教银环锄地，记得一句词："前腿蹬，后腿弓，手拿锄头心不慌。"银环是村里女知青扮演的，瓜子脸，很洋气，基本不必化妆。我也上过一次舞台，和其他三个同学表演了"三句半"。内容是批判林彪和孔老二，还记得有一句台词是"林秃头，秃痢头，两个一对大坏蛋"。本家一个堂哥是七年级学生，学会了拉二胡，正好是寒假，被村里叫来，在后台伴奏，也挣工分。我也很眼热，后来，硬缠着家长买了一把二胡，跟着堂哥学了几次，从《东方红》谱子开始，坐在门墩上，吱吱呀呀拉起来。很快，"四人帮"倒台了，学校进入正轨，抓得紧了，自己也没有恒心。二胡挂在东房的墙壁上，闲置了，遗忘了，渐渐落满灰尘，马尾做的胡弦也断了。

最热闹的是看烟火。一般是正月十六晚上，村里人叫"放火"。"火"不像现在都是浏阳花炮的路数，买来放放就行，而是村里按自己土法做的。做火的人为闫氏，住在我家巷后，话不多，人实在，祖上好像是河南的，不知从哪儿学的手艺。正月前就开始做准备。院子晒了很多锯下来的碎木屑，晒干后在铁锅里翻炒，从生产队拿来一些硝酸铵肥料块子，加上硫黄。各种料不断试验，就制成了黑火药。最后装到十几个圆铁筒器具里，正中间留个口子，接上长长的药捻子，背后则用黏土封死。花筒子就做好了。另外还用旧课本卷了一些纸筒，做成一大捆鞭炮。十五的时候就开始布置。地点自然在主巷口的大槐树下。在开阔地上挖了十几个坑，把花筒子埋进去，和地一样平，用撅把把土捣结实，然后用纸箱片子小心盖住。在大槐树上挂上鞭炮，红布蒙上，引一根铁丝到对面人家的墙上。

十六天一擦黑，巷道就挤满人。小孩子们穿梭其间，来回嬉笑打闹。七八点光景，村干部把红布一拉，开始放火。只见铁丝尽头一个带哨的码子被人点着后沿着铁丝飞快呼啸而去，直奔大槐树上的鞭炮。鞭炮瞬间被引燃，立即铺天盖地响起来。震天的火光一闪一闪。一股硝烟味立刻弥漫开来。所有人都捂起耳朵。炮声刚落，地上的花筒子就开始冒火星，又一点点升高，最后喷出三四米高，金灿灿的，亮晶晶的，大家仰着脸凝神观看，眼里也闪着满足的光芒。一个戴草帽的冒着纷溅的火屑，蹲下来，拿着细长铁条在喷口不断翻打着，随着压力加大，烟火冲得更高了。其他的又依次绽放，高潮连连。随着最后一缕烟花的落定，人们才依依不舍地散去。几个村民在灯下清理收拾，把花筒子从土里拔出来时还烫得发红直冒热气。后来进了城里，看了无数次烟花表演，尽管五彩缤纷，但再也找不到接地气的乡村烟火味道。初中在县城上学，放学回家在百货商场柜台前穿过，看见服务员把发票和钱夹起来，手一用力就沿着一根铁丝飞驰到坐在很远玻璃屋的出纳跟前。出纳算完账后又把夹子飞快传递出去，最后给了顾客。看来，放烟火的码子可能也是受此启发。

正月十五六的时候，花鼓队还要挨家挨户拜年，不知叫"惹院子"，还是"热院子"，大意是把院子热闹起来，来年日子红火起来。在参加完公社或是村里的热闹后，花鼓队还不能散。事实上有些队家户比较多，前一两天就开始了。村里每年也要搞个社火表演。四个生产队都要出节目，无非是锣鼓、花鼓、跑旱船、走高跷等几样。演员全是村民，正月前就开始排练，正是农闲时节，大家热情都很高。有些在巷口，有些在队部，还有在学校操场练。敲大鼓的记不住谱子，用白粉笔密密麻麻地写在锣鼓两边。敲锣的则写在锣里面。锣鼓响起来，鼓点如雨，钹声激越，锣捶飞转，把全村都能震醒。跑旱船的主角是年龄较大的妇女，头上扎一白花毛巾，身穿淡色绸衣，肩上一根绿绸布条把旱船担起来。旱船只是个木架子，很轻便，用绸布装饰起来，两边布子垂下来，看不见人的腿脚。表演时，前头还有一汉子拿船桨，作划船状，旱船上下起伏，左右摇摆，似水中行舟。踩高跷需要胆量，有大人，也有小孩，巷里土路坑洼不平，事先已派人填了土，行进中有人专门保护，累了就在旁边人家门前的石碌碡上歇一歇，紧一下绳带。

花鼓队的核心是打花鼓的，选一腰身灵活的少年担当，经村里老把式调教示范，渐渐就有了模样。小椭圆形两面鼓挎在胸前，两手的鼓槌儿前后左右翻飞，或从胯下穿过。其他则是八九个穿着花花绿绿的女学生，手拿花伞，变化队形，来回舞动。还有两三个敲小呆锣的，算是配音。"惹院子"时，主人早早把院子扫净，到大门口迎接，倒茶递烟。队干部带着花鼓队，一进门，先放一个二踢脚炮仗，啪啪两声，一下就拉高了气氛。然后花鼓敲起来，花伞舞起来，在院里转几圈。

这间隙，在小呆锣的伴奏下，一瘦干老头儿要拿腔作势，干唱几句：感谢党的好领导，社员的光景越来越好，芝麻开花节节高，幸福生活万年长等等。唱完，花鼓队就收拢队形，去往下一家。如果大门挂锁，走亲戚不在家，就用白粉笔在门上写花鼓队到。晚上，各家陆续往队部送一些好吃的，主要是麻花、花生、柿饼，还有拿土点心、纸烟的，总归多少不限，只图吉利，作为对花鼓队"惹院子"和闹社火人员的犒赏。队会计把清单记下来，第二天写在大红纸上，张贴在大槐树下的黑板上。隔天晚上，把收到的慰问品按出力多少，大致分成几档，给所有参与者进行分配，春节就此打住。隐约记得有一年，我在花鼓队中还扮演了一个小角色，涂成花脸，反穿个羊皮袄，拿着拨浪鼓,在队伍中前后穿梭,拨浪鼓在舞伞者眼前轻拂,增加一些欢快气氛。自然,也分得了犒赏。

七

最盼望的还是村里放电影。大队的喇叭提前一天就广播预告并反复播送:广大社员同志们,公社电影队明天晚上要到我大队放电影,请大家届时观看。第二天一早,喇叭又喊叫:四类分子宋某人,赶快到大队挂银幕。连喊两遍。我早上上学时,看见宋某人从家里搬个梯子,匆匆往大队方向去。宋某人是我的本家长辈。从我家出来,到小巷口右拐就是他家。过年时,我曾经和家长一起去问候过。印象中,推开两扇很大的门,进入院子,可以看见种了一些苹果树,然后是几眼窑洞,哪儿都收拾得一尘不染。不知为什么,总是一个人独居,院子空旷,更有种神秘感。据说,他原在傅作义的部队干过,别人和平起义了,他因想家开小差回来了,没有起义证。后来,村里评四类分子,被评上了。四类分子者,地主、富农、反革命、坏分子的称谓,有右派的地方叫五类分子。本家的长辈大概划在反革命分子之列,只准规规矩矩,不准乱说乱动,由大队监督劳动,改造思想。村里有重差事,就指派给他。

大队部在村中央,北面一排砖箍的窑洞,靠西角落两眼作村保健站。有个姓黄的老大夫是公社派的。再有本村赤脚医生男女两人做助手,其他作大队办公用,广播室也在其中。正西还是五六眼窑洞,是插队知青住的,男男女女有十余人。村里派了一妇女给他们做饭。他们穿的衣服、梳的头发、说的话,就显出他们和村民不是一路人。不管新旧,他们还有几辆自行车,骑上显得很洋气很威风。他们不是北京、上海的,家就在县城,离得很近。还有人知道他们住的家属院,间或也有家长来看过。这些知青和社员一起劳动,扛锄头,抡大镢,挣工分,年终分红。春节时村舞台排眉户小戏，有好几个知青都上台表演过。在巷里过来过去，时间长了，村民都认识了，相互也打招呼。我也能叫出他们的名字。后来，知青给村里带来一台电视机和一辆手扶拖拉机，这在村里也是件大事，实实在在的实惠。邻村听说，有从北京来的知青看见绿油油的麦苗，还以为是韭菜，在村池泊游泳还被村民打了，嫌弄脏了水源。

还有娱乐活动，放电影，银幕就挂在大队部北面空地上立起的两根水泥柱子上。距银幕十米左右远，用来摆一张长条桌，是用来放放映机子的，桌子腿上绑一根竹竿，上面有个钩子，是用来挂电灯泡。下午两三点就有人过来占座位。大小不一、高低不等的各式椅子、板凳摆了好多排，有些则是放了两块在墙角找来的废弃旧砖头。吃完派饭，天就擦黑了，电影队的两个放映员把几个箱子从平车上卸下来，不慌不忙地安装起来，村电工早把电缆绳引过来，放映员先把一个带铁丝罩子的灯泡挂在竹竿钩子上，插座插好，整个大队部院子立刻亮堂起来。然后安放映机，两台厚实的放映机分别用螺丝卡子固定在桌子边，各种电线接通，镜头对准银幕，从铁制的盒子取出圆形电影胶片，往机头一卡，就好了。先得试一下，一道光射向银幕，不聚焦的话，镜头再微调一下，准备工作万事俱备。

有淘气的小子在光线前用手摆出造型，白色银幕上立刻就有了各种动物图案。放映员就着木箱坐下，拿出玻璃茶杯喝上两口水，村干部在一旁打下手，赶忙递上香烟，并点上。院里早热闹起来，黑压压地坐满了人，还有村民陆陆续续扛着板凳进来，一群小孩围在放映机旁，感到好奇神秘，安装时目不转睛地盯着，生怕错过每一个细节。整个院子像赶集一样，欢声笑语。到时候了，放映员拿起一个小话筒站起来：社员同志们，今天给大家放映的电影是战斗片《南征北战》，现在开始。话音刚落，银幕就有了影像。院里立刻宁静下来。

刚开始,照例是先放科教片,一般是农业电影制片厂的纪录片,时间不长,一二十分钟,有棉花的田间管理,科学养猪,如何制作沼气,用电安全,等等,还是比较实用。在此之前,正片子放映前加放的多是幻灯片。县电影院有美工,专门画幻灯。内容和形势联系比较紧,我印象深的是一个反映临漪的银行七万八千元被盗窃,坏人被抓的幻灯片,配音是标准的普通话,一听就能猜出是县电影院颜值担当王克勤的声音。王克勤是北京知青,能写会画,人也潇洒,还会主持节目,在小县城也算名人。

偶尔开演前村革委会主任要讲话,站在放映机旁,一手叉腰,一手拿起小话筒,拉起腔调,向社员传达一下公社的最新精神。待到八一电影制片厂的红五星在银幕上闪烁时,雄壮的解放军进行曲同时奔涌而来,激动人心的电影正式登场。每个人都聚精会神,沉浸在故事中。搞对象的青年在黑暗中拉着手,靠得更紧了;半大小子一般不用占座,就站在后面的人群中,个别看不见的就爬到墙边的桐树上,坐在枝丫上看。家长发现了,嫌危险就把他拽下来。还有些小孩干脆跑到银幕后,席地而坐,看翻版电影,也乐在其中。夏天一般放两部电影,一部片子四盘胶卷,和邻村错开放映,有专门的跑片员来回传递。遇到跑片子的时候,半路需要等待很长时间,大家都不愿散去,焦急却有耐心。院里灯火通明,人们正好伸一下腰。小孩子照样满院子玩,有一次一个小孩还掉进红薯窖,放映员拿话筒呼叫家长,赶紧送到保健站。

千呼万唤,后面的片子终于到了,大家赶紧归位。遇到冬天的时候,我记得穿着棉鞋,站在雪地上,冻得边看边哈气边跺脚。当然,也到邻村北张户看过电影,最远到七八里地的太贾村。不管怎样,都不如在本村理直气壮。就这样,看了许多电影,主要有《闪闪红星》《奇袭》《野火春风斗古城》《洪湖赤卫队》《地雷战》《地道战》及朝鲜的《卖花姑娘》等,有些看过两遍甚至多遍,电影中一些细节至今印象深刻,在文化生活相对贫乏的年代，开阔了眼界，知道外面还有一个很大的世界，还有不同的人生，也朦朦胧胧地想着自己今后要走的路。

插队知青给村里带来的电视机一开始是黑白的，村里像宝贝一样，做了一个带锁子的电视柜，专人管理，每天晚上在大队部准时开机。村民也是早早占座位，看电视的也是黑压压的一片人。特别是那时候有电视连续剧，像日本的《血疑》、墨西哥的《卞卡》，上百集，所以一天都不能耽误。扮演幸子的是山口百惠，大家都记住了这个名字，和剧情中人物同喜同悲，白天地头干活也有了聊天的话题，还预测、打赌幸子、卞卡们下一步的命运。这个应该是20世纪70年代后的事情。1976年毛主席等三个伟人去世，晚上村民们还三五成群，结伴步行到县城看电视。交通局就在街口，有个十四寸的黑白电视机，我们就站在院子里看，当时演的节目是有纪念意义的长征组歌。后来大队部搬了，电视换成彩色的，放在窗子里，外面做了木盖子，能锁住。晚上放映时只需把盖子掀开即可。这还是全村唯一的电视机，也是村民文化生活重要组成部分。每晚人仍然很多。改革开放后，一些家庭逐步有了电视机，邀请左邻右舍观看，大队部人就少了。20世纪90年代后期，随着电视机的普及，昔日热闹的看电视场面不再，看管电视机的老闫头开始寂寞，无人来了，成了"一机部长"。

职场片段

在里望营业所的日子

1990年8月我拿着支行人事股开的介绍信到万荣县里望营业所报到上班，开始了自己的职业生涯。里望是个乡镇，离县城十五六里地，很陌生。那是一个下午，我一个人骑着自行车，后座上夹着铺盖卷就去上班。过了几个村庄后有很长的一个下坡，不用蹬，自行车就像长了翅膀似的飞速而下，耳畔呼呼生风，太阳像新煎的鸡蛋黄，红彤彤的，于是眼前也闪烁一团光芒。下坡后就是街道的十字路口，右拐后约五六百米就到了营业所。

进了大门，循着门牌见了主任，自我介绍了一下，递上介绍信。主任说，好，已接到通知了，欢迎。主任让人把行李搬到靠墙角的单身宿舍，里面有两张单人床，一张桌子，还有一个员工住。铺好床铺，把带的几本书放到桌子的抽屉里，换洗衣服叠在床头，这就收拾完了。到院里看了一下，营业所一共两排房，有前后院，临街一排房，约五六间，包括靠边门洞、三间营业室、两间宿舍。然后是前院，中间是走道，两边种一些简单的花木和树。院子有井，有辘轳和桶，是全所的水源。后一排，也一样大，只是门洞在中间，正好一分为二。一边是食堂，共三间，厨房一间，中间是就餐处，一间是储藏室。一边是宿舍，主任房间稍大一些，前后隔开，里面住人，外面有一个大电视，放两排长条木椅，是会客和所里开会的地方，靠墙的书柜放了几排书。再边上两间就是宿舍，每间住两三人。穿过门洞，是后院，约七八分大，是菜园子和厕所。所里连我共七人。主任和我是正式职工，其余五人都是储蓄合同工。大多是初中、高中文化。女员工二人。淮姓男是出纳兼管金库，王姓男是柜员，陈姓男是信贷员，主要是跑外，还兼职管食堂。贾姓女是会计，师姓女是柜员兼复核。我开始从管服务站卡片账做起。另外还有一个炊事员，就是里望村里的一个中年妇女，每天做完饭就回家，不在所里住。

主任姓董，近五十岁，敦实，长脸，络腮胡。他很严厉，也抓得紧，脸一拉很吓人。据说原来在介休一个机械厂做过车间头头，后来调入到这里的银行。每天早上刚六七点，主任就敲门，喊叫起床。我们赶紧擦把脸，就出去了。先扫地，拿起大扫帚，简单分区，把院子和营业室门口收拾得很干净。然后，出纳淮从金库拿给每人一把百元钞票，大家在院子站一排，开始练习点钞。主任在旁边指点或巡查。七点半许，炊事员招呼吃饭。大家交回手中的钱，出纳淮到营业室仔细锁好，一起吃饭。餐厅正中摆一张低方桌，连炊事员正好坐八人。炒了四盘菜，一盘馒头，一碗米汤，大家围坐在一起，边吃边听主任安排一些工作。

信贷陈负责收灶费，每人每月八块钱，很多菜是靠后院的菜园子供应。不到八点已经有人影在大门口晃动，就准时开门营业了。到了晚上，主任说大家可以过来看电视。但很少有人去，看得出大家对主任都有点怕。会计贾和柜员师两女员工住在前排，都在练习算盘，老远就能听见噼里啪啦的声音，还有翻传票的声音。系统技术比武抓得很紧，如果能在省里拿上名次就有转正希望。几个男员工说笑着玩起扑克。我则拿出书看看，大部分是大学时的专业书和英语，心想尽管从繁华的大都市回到偏僻的乡镇，但学习一定有用，不能放弃。

每周不定时要在晚上开会，地点在主任办公室。主任要传达支行的文件，一般是信贷规模下达，存款任务分配，金库被盗抢案件通报，行长的讲话等等。重头戏是考试。主任在笔记本上写了几道题，给大家一念，然后每人在自己带的本子上作答。最难的是计算存款利息。时间长的存款因为利率多次变动须分多段计算，有些还要加上保值贴补。那时候，计息都靠手工打算盘，后来有了简单的计息器。从营业室把计息器拿来，每人按题目操作计算一下，看答案对不对。考完后，主任阅卷，然后点评，好的表扬，差的批评。每月都要考几次，大家便有压力，不断练习，技能都有提高。我也领了算盘和练功券，见缝插针请教，观摩，补课，赶队。

农村服务站，也叫代办站，是在村里帮助农行吸收存款、协助发放贷款和收贷的点，具体办理业务的人员叫站干。站干一般由村干部或会计或是村里有威信的人担任，一个村有一两个站干，根据吸收存款的多少按比例领取报酬。站干有公章，有保险柜，从营业室领存单，然后一周内的存取业务到所里缴存清算。站干的存在，方便了群众，不出村就能存取款，节约了银行人力，对业务发展起到促进作用，但也带来许多风险，甚至案件。到2003年左右，全省农行统一清理取消了站干。

我因为管服务站卡片账，很快也认识了一些站干。还去过临近的几个村站干家检查账目，了解一些村里的经济情况和存款的来源结构。年底刚过，所里开站干会，气氛隆重热烈。营业室暂时关门，我们洗茶杯，摆马扎，还放了几盒烟，开会时做好记录。两个女士则去帮灶，中午要犒赏站干。主任对全所一年工作总结，对新一年站干工作注意事项进行强调。对先进站干进行表彰，先进发了言，发了奖状，后进表了态，奖品则都有，分档次，分别是铝皮水壶、暖水瓶、脸盆。

二十多个站干齐刷刷都来了，主任室坐不下，就沿台阶在马扎上坐一排。有些站干鞋上还带着新鲜的泥土。好容易聚在一起，不时交头接耳，窃窃私语。散会后大家一起吃饭。餐厅一桌，门洞一桌，院子一桌，每桌上了满满一大盆白菜、粉条、猪肉做的拌面菜，浇上蒜泥，热腾腾，香喷喷，刺激人的味蕾。信贷陈早早准备了两箱啤酒，大家吃着喝着，说笑着，酒足饭饱后相继离去。一方水土一方人。第一次吃到这种据说只有过年或招待贵客才有的美食，觉得无疑是一种人生享受，给单纯平静的基层生活增添了一份欢乐。

日子飞快而过，所里的情况基本熟悉，业务也上了手。闲暇时到街上看看。这是乡镇所在地，主要机构就是七站八所。农电站就在斜对面，夏天经常看见所里一个胖子敞着胸骑着250摩托车轰鸣而过，一股尘土随后飞扬盘旋，久久才散去。粮站在街的东尽头，高中一届的同学当副站长，晚上聊过几次。镇政府在西头，文科同班张同学中专毕业在乡派出所做干警，本来学会计，现在改行了，腰里经常别着一副手铐。乡政府户头在所里，会计经常来转账、汇款办业务，所以互相就认识了。信用社也在一条街上，相距大约有四五百米，那时信用社属农行领导，是一个系统，在所里开户，出纳老贾经常过来拿支票调现金。后来也去过信用社院子。胖子是王主任，瘦子是李副主任。员工都能对上号，有个大概了解。在街上碰见供销社退休干部老杜，还交流过，他儿子和我高中一届，学习好，考上西安的重点大学，目前已经是一大型央企的副总。老杜退休后女儿顶替，在供销社站柜台，模样标致，是乡里的一枝花。所正对面的两间铺面是个照相馆，老板是本村人，腿有毛病，进出用轮椅，但灵活自如。还会放电影，偶尔在后院场子里放部电影，收个门票。再后面有个醋厂，是个乡镇企业，和信贷陈一块考察过。院里看见有许多大醋缸，醋主要发往外地，村民也零星拿个酒瓶子或塑料壶过来打醋。夏天的时候，醋味飘飘而来，在所里弥漫。大家开玩笑说，一年都不会感冒了。

所里无所谓星期天，大家都上班，有事请假，一般半个月能休息一两天。好几个假期主任叫大家能回的回，自己留下来值班。特别是有金库，有枪，需要双人值班，每天晚上大门也早早关上。如出去要提前打招呼，外人知道银行是银钱重地，晚上也不来串门。有几次人手太紧，晚上我便到守库室顶岗。警报器设置好，狼牙棒放在手边，便也安稳睡去。主任要到县上开会，晚上不回来，大家就像没有猫的老鼠，心情一下放松了起来，说话声也大了一些。正好面粉厂厂长老韩过来取钱，利息三五块钱，死活要请大家。见推不过，出纳淮便到门边的小卖铺买了两包麻纸包着的土点心，大家一起打打牙祭。

炊事员的闺女要结婚了，请了三天假。我们也凑了份子，分批去家里祝贺。民以食为天。缺了厨师，所里的正常生活秩序一下打乱。女员工下手做了一两次饭，主任亲自和面，给大家做了拉条子。好吃不好吃先填饱肚子再说。炊事员办完事就来了。暑天，后院菜园子里的西红柿、茄子、萝卜，长势良好，也正是吃水的时候，下午下班后，主任一声吆喝，大家到后院集体劳动。出纳淮把潜水泵放到水井里，把长长的塑料管子拉过来，合上电闸，开始浇水，其他同志也热火朝天，择菜、拔草、整垄。太阳就要落山了，夕阳的余晖洒在每个带着汗珠的脸上，看到收获满满的一筐蔬菜，大家都不觉疲倦了。

忽一日，上班时分，我在院里听见营业室有争吵声，就赶紧跑进去，是柜员师姓女当班，一个五十多岁的农民拿着几张国库券要求兑付。师姓女不给兑，说有规定，老头就火了，说国家给的钱，凭甚不能兑。我一看情况，就从边门穿过，到柜台外找到老头，说大爷，你别发火，我看看你的国库券，接过国库券仔细打量，果然不在今年兑付的范围。我说，大爷，国库券相当于国家借你的钱，肯定有效。只是国家也有困难，分年分批兑付，你这几张不在今年国家还款的范围。老头听了解释，火马上消了，说，噢，知道了。又对师姓女说，你看人家怎么解释的。我好言相劝，终于走了。事后我想，对金融产品的原理要了解，同时对农村客户要用通俗的语言沟通，让他们能听懂，这样才能做好服务。

会计贾的身子一天天臃肿起来了，很快就要请假回家生孩子。主任和我谈，准备让我接会计，先跟会计贾学，抓紧熟悉。上班的空档我坐到会计贾旁边，虚心讨教。会计贾微笑着说，很简单，不用教。要说会计在营业所确实是最核心的岗位，要对每天的经营活动进行收付平衡，管理财务印章，办理企业开销户，登记总分户账，向支行报表，网点的费用列支等。所以，对会计的业务素质和责任心要求都高。尽管学过银行会计，学校还搞过模拟银行，让大家认识传票，尽管还到天津的武清县杨村营业所、靠近廊坊的东马圈营业所实习了一个月，但那时候"俱怀逸兴壮思飞"，以为要扫天下而不是扫一屋，走马观花，眼高手低，没有真正沉下来操作。

不过，这难不倒人，我从柜子里拿出几本装订好的传票，从前向后认真解剖，看排列规律，看关联关系，遇到疑难就对照银行会计课本研究一番。譬如信汇，一式四联，哪一联给客户，哪一联留存，哪一联邮局传递，原来觉得很复杂，操作几笔业务后就了解了流程。如此这般，在会计贾请假后，我顺利上手，所里营业仍有序开展。抽出时间，要到邮电所送信汇，到街上开户的单位对账。

有一次，天很热，晚上下班后同事们到对面看露天电影了，我一个人在营业室填项目电报，忽然没电了，点起煤油灯，继续干，总分账就是不平，经过千辛万苦，才发现差错所在，做完报表时已是汗如雨下，满怀疲惫。每月需到县上会计股报表开会，会计股长要对报表质量点评，对会计核算和政策讲解安排。来自全县各所的会计都上来，三五次后基本就认识了。回县城的路是艰难的，骑自行车最大的阻碍就是几里长的上坡路，许多时候需弓着腰推着车子走，到坡顶后已经口干舌燥，浑身湿透，就着凉风，歇一歇开始骑着走。后来，街口有了三轮车，掏上两块钱，大家把自行车往后车帮子上倒挂住，坐上四五个人，到县城街口停住，自行车放下，这样就省了很大的力。

岁月如歌。一年半后，我调回县支行办公室工作，离开了里望。作为职业生涯的第一站，给我留下了深刻的印象。我忘不了在乡镇的点点滴滴，忘不了严格要求的老主任，忘不了朝夕相处、吃苦乐观的同事们，忘不了朴实的村民和努力打拼的泥腿子乡镇企业家们。应该说，在那段时间里，磨炼了意志，了解了基层，积蓄了奋斗前行的力量。

（此文系中国农业银行"喜迎二十大讲好农行故事"征文获奖作品）

平陆岁月

"平陆不平沟三千。"平陆是运城的一个山区小县，也是国定贫困县，沟壑纵横，山路弯弯。与河南三门峡隔黄河相望。过去靠茅津渡摆渡，现在有黄河大桥相连。历史上平陆是虞国，三门峡是虢国，晋献公假虞伐虢的故事就发生在这里，三门峡还有个虢国博物馆。90年代底，我在办公室当干事时，曾随领导到曹川镇营业所下过乡，离开县城，沿着黄河岸边，颠簸辗转，摇摆起伏，坐在车上如旱地行舟，奔腾咆哮的黄河在眼前不时闪现。五十公里的路走了起码两小时。营业所条件艰苦，主任和员工却很有精气神，踏实敬业。

2019年，看到运城摄影家拍摄的曹川的马泉沟、龙陡峡、新修的沿河路等照片，感觉变化很大，风光独好，曾写打油诗如下："高路耸云端，蜿蜒一线牵；处处有美景，纷纷入镜来；才闻鸡犬声，又见牛羊欢；小桥依人家，村头是乡亲；川上气象新，春意更葱茏；愿栖一片云，抛却世间尘。"返回时还去了张店营业所，突查了业务，发现了一些管理漏洞，对有关人员予以严肃处理。还有一次是和工会张主席去了解处理案件。老城乡农行服务站的站干挪用了储户存款，被反映到《人民日报》，我们进行调查，给省行写了专题报告。再后来，初中吴同学从地区供销社副主任调到平陆任副县长，我们几个同学去看过一次。无论如何，烟尘滚滚，过客匆匆，平陆在我心中依旧是那么遥远和陌生。

造化弄人，想不到有一天自己的职业生涯要和平陆发生更紧密的联系。2009年9月，刚从天津参加完城区行长培训班，组织谈话欲调我到平陆任行长。平心而言，我并不想去，因为我已经在城区行做了三年行长。营销了区新农村合作医疗账户和北赵引水工程项目账户，三年存款基本翻了一番，工作已经打下基础。"人家都是从农村往城区调，你是从城区往农村跑。再找找领导。"许多同事这样劝说。是呀，平陆条件差，离家又远，困难肯定不少。吃苦倒不怕，我自己也曾长期生活在农村，许多农活都干过，相信农村广阔天地一定也可大有作为。周末反复思考两天后，我愉快地服从组织安排，于中旬到平陆报了到。

一上班办公室申主任就说，县人大准备对农行质询问责，有代表反映农行只存款不放贷，对地方经济支持力度不大。还说以前的三干会上，县委书记还给信用联社主任鞠躬，说信用社对县里贡献大。我立即赶到稷山医院，看望在此看病的人大主任并单独汇报了农行的工作。其时，平陆行从贷款数字看确实很小，但刚刚剥离不良贷款四五千万元，帮企业减轻负担，轻装上阵，也做了很大的牺牲和贡献。我的汇报取得了老主任的理解和支持，在随后的质询会上我们又提出了服务三农的设想。我想，质询只是起点，关键是要把服务三农的这篇大文章做好。这样，农行在县里才会有影响、有地位，才能给全县人民交账。这个责任的确是沉甸甸的。

转眼国庆加中秋七天假期到了，给员工发了福利，安排好营业值班，领导还要带班。三个行长都是外地人，前三天我值班，中间是樊副行长，一两个月他就要退居二线了，但兢兢业业，工作不松劲，主动要求值班。后三天是李副行长。我到两个网点巡查了一遍，了解了一些人员和客户情况，看了看带来的资料和书，思考着全行今后的发展路子。三天紧张而又充实。十月的天气还有点儿闷热，秋蝉仍不知疲倦地吟唱着。

　　一天晚饭后，我正在办公室看文件，听见有人敲门。打开门，门口站着已经退休的两位老干部。看到他们，我赶紧让进来，沏好茶水。以前尽管没有深交，但都能对上号。我说，刚来不到一个月，正准备拜访一下老领导，请教发展大计，想不到今天就见到了。还希望今后多支持。寒暄了几句，一老干部脸色沉了下来，说我们今天来找你有事，代表老干部反映一个情况，就是以前中秋节还给退休干部发盒月饼或是一箱苹果。你一来就没有了，我们还准备给上级也说道说道。我听后，感到很突然，同时意识到这个问题尽管不大，但处理不好会影响很大。便说，确实是我考虑不周，把老干部忽视了。这样吧，既然老领导来了，今天就把这个问题弄清楚，看政策怎样规定，再说如何解决。于是，到隔壁把分管劳资的李行长喊过来，又通知劳资干事小黄到行里。小黄介绍说，目前福利费是按在职职工工资计提，退休干部平时发的福利品都是从在职干部福利费中挤出来的，整体福利费也很紧张。老干部听完不再言语。

　　我想了想，说老干部是全行的宝贵财富，过去给行里都做了贡献，尽管政策有困难，也必须补救，解决好，让大家感受到组织的温暖。你们回去和其他同志商量商量，建议或者体检，或者旅游。后来，老干部想出去，九九重阳节让小黄带队，通过旅行社组织了万荣一日游，看了秋风楼，看了李家大院，老干部们心情舒畅，其乐融融。快到春节时，让办公室采购了慰问品，提前送到他们家中，又搞了一次会餐。其实，退休和内退同志是通情达理的，他们许多子女也在行里工作，也关心着行里的发展，后来还经常交流，为全行经营提出了不少好的意见和建议。

　　从运城到平陆有运三高速，路程有三十一公里，其实并不远。但跨越中条山，坡长，弯多，且陡，属盘山路，加之是山西到河南的通道，货车很多，下雪或下雨经常因事故封路。四月中旬，省行要开两天支行行长会，正下小雨，高速路又不通，我便绕二级路从平陆返运城准备下午赴并报到。赵副行长则带其他部门的三位女员工坐行里的捷达车去市行开会、办事，也从二级路随后出发。快到运城的时候，赵副行长忽然打来电话，声音紧张颤抖，说不好了，在张店附近出重大车祸了。一个河南的大货车下坡路滑刹车失灵，把十几辆小车都撞了，我们的车也侧翻了。我说，别慌，人有危险吗？三个女员工压住了，一个已经晕了，都没有生命危险。我思想才稍放松。

雨点又密起来了，因为路况差，在张店段前后堵车绵延三四里地，想救也无法返回，此时，李副行长正在机关开全行例会，我立即叫李行长停止开会，全行紧急出动，到路上救人。大路是走不到跟前，车上的一个女员工家属正好在张店粮站上班，路比较熟，全行十多人，费尽周折从村里小路绕到车跟前，把司机等五位同志立即送到三门峡医院，拍片、检查、治疗，需住院的住院，终于都安顿下来。受损的捷达车也被随后赶来的夏县交警清障车拖走，肇事车辆扣留，保险公司也过来勘察。

从省里开完会周一一上班，我便带着慰问品看望五位同志，有的在家休息，有的皮外伤，拿点药已经按时上班了，一位女员工体质弱，受了惊吓，还在三门峡住院输液，我到医院看望时精神状态挺好，一两天就可出院。十点召开全行员工大会，我说，上周我行员工出了重大车祸，这是个坏事，但一声令下，全行员工团结一致，齐心协力，费力施救，这是一方有难，八方支援，我们平陆六十一个阶级兄弟精神的具体体现。另外五位同志经受住了考验，不叫苦，不抱怨，轻伤不下火线，大部分已经投入工作中，全行要向他们学习。这是我们行最宝贵的精神财富，要在业务发展、市场开拓中发扬光大。经过这件事后，员工的凝聚力进一步增强。两个月后，保险公司赔付款到位，捷达车维修后也投入运营。

为了六十一个阶级兄弟的故事入选课本，拍成电影，家喻户晓。它就发生在平陆，1960年的时候，民工修路食物中毒，有六十一个生命垂危，全国无数人伸出援手，中央动用飞机空投药品终于成功解救，这个精神永不过时。据说在平陆常乐镇张家沟村有纪念馆，有机会一定要去看看。

对一个单位来讲，业务发展重要，员工的事也重要。为员工谋幸福就是我们奋斗的初心。六七月份进入夏季，雨水比较多。一天，营业部的两个女员工找我，说她们住在家属楼顶层，下雨漏水，把家具都淋湿了，希望行里能出面管一管。我告诉她们，请安心工作，一定会想法解决。家属楼就在单位后院，一共有三十多户。农行股改上市时，已经确权到员工名下。从产权讲和单位已经没有关系。从财务制度讲也无法再让单位贴补维修费用，吃大锅饭了。但员工的事再小也是大事，必须想办法解决，这样他们才能无后顾之忧，安心工作。

据说，以前这方面也有教训。我想，家属院以后还会有各种事情，管理必须纳入轨道。我把分管工会的贠行长和办公室申主任叫来商量，决定群众的事群众办。通知住户，晚上开各业主委员会议，选出管委会。第二天一上班，贠行长和申主任愁眉苦脸过来，说昨晚只来了两个人，会开不起来。我说，今天晚上，你们再辛苦一下，搞一次家访，户户见面，讲清政策规定，打消依赖思想，征求大家意见，明天晚上再开会。再开会时，所有住户都到了，选出了西大街分理处副主任为管委主任，归集了维修基金，议定了维修工人，漏水问题迅速解决了。"衙斋卧听萧萧竹，疑是民间疾苦声，些小吾曹州县吏，一枝一叶总关情。"我常以清代郑板桥的这首诗做自勉。我想，群众都是通情达理的，群众是有智慧的。"面对面"才能换来"心贴心"。只要我们做深入细致的思想工作，无论遇到什么困难，总能找到解决的办法。

做好农业、农村、农民的三农金融服务，是农行的义不容辞职责。但平陆如何寻找突破口是我一直思考的问题。其时，服务三农缺乏抓手：乡镇网点全部撤完，在农村触角伸不下去，农村市场基本丧失；进了城的员工不愿做、不会做、不想做三农业务，穿皮鞋的看不起戴草帽的，已经不愿吃苦了；没有针对三农的合适的信贷产品，比如，农民贷款只能是存单质押。正好，全省农行系统对农村市场开始大力度布局，开始发行针对农民的惠农卡，依托农村的村委会、卫生所等设立转账电话惠农服务点。实现卡到户，机到村，钱到账。农民不出村在服务点可通过转账电话小额取现金。

为了让农民用上惠农卡，我拜访城关镇梁镇长，利用年初各村村长、会计回乡开年终表彰会之际，给大家讲解了惠农卡的好处，并散发了宣传资料，中午组织村干部们座谈，营造了办卡环境。又和赵副行长带领三农部门同志们，到茅津村、毛家山等，进村入户，收集办卡资料。在信贷方面，总行推出了五万以下农户小额贷款，可以三户联保，可以公职人员担保，可以公司加农户。

对烤烟种植户，由县优质烟中心担保，审查后发放了几十户，由于当年大旱，种植户减产，优质烟公司履行担保责任，偿还了贷款。张店镇凤口村以露地西红柿种植为主导产业，我考察后，为十二户种植户联保发放贷款30万元，解决了他们流资困难。张村镇窑头村濒临黄河边，大棚蔬菜集中连片，而且是巾帼创业示范村，我和县妇联伊改莲主任、贺副主任一起考察。原设想妇联出一部分资金，建立担保基金，但因存在体制机制障碍，未能实施。通过三户联保，对九户妇女发放贷款三十万元，邀请县委分管副书记、张村镇长、妇联在窑头村举办了贷款发放仪式。

对三农的金融服务初步打开了局面，农行的影响力不断增强。我给时任县长还做了专题汇报。对新发放的每一笔贷款，我们都坚持审慎原则。在出贷前，责成赵副行长和三农部门负责人对担保人面谈面签，并照相留档。县人行行长他姐要贷款五万元，行长自己担保，按说不存在风险，仍坚持客户经理双人上门考察，符合条件后才办了手续。我想，今天是明天的历史，所有贷款都要能经受住历史的考验。后来，这些贷款都顺利归还，没有出现一笔不良。

又到了金秋收获时节。2010年9月，我调离平陆，赴临汾工作，算下来在平陆工作整整一个年头。虽然短暂，却是职业生涯一个重要的里程碑。回想这一年来，每天都认真做事，忙碌而又充实，在当年春天行动中零售业务夺得全市第一，奖励全行十余万元。自己的组织协调能力也得到锻炼和提高，尤其是对基层管理、对三农问题有了更深刻的认识。另外，邀请省建筑勘察院对早已倾斜的办公大楼进行鉴定，在确定为危房后，积极向省市分行汇报，争取了拆除重建的政策，为后续改善办公条件打下了基础。

工作之外，还有几个收获：

一是收获了友谊。在老同学吴副县长的引荐下，认识了分管金融的张副县长、赵副县长。晚上在吴县长租住的宿舍经常一起喝茶聊天。张副县长后来任县人大主任，到平陆还看过他，赵副县长孩子在临汾考试时还帮助安排过住宿。一些同事、同学、朋友也来平陆指导帮助过工作。运城市电视台的王振川校友和陈晓艺二君来时还送我两本书，一本是钱穆的《孔子传》，一本是《正见》，这些都给了我莫大的鼓舞和支持。

二是提高了摄影技艺。平陆有丰富的摄影元素。出城三五公里有个三湾村，是黄河湿地，从黄河涌出来很大一块水面。每年冬季数百只天鹅来此过冬。全国各地的摄影人蜂拥而至，三湾村的农家乐热闹起来，天鹅山庄窑洞也建起来，可就餐，可住宿。利用班前班后空余时间，我也到此拍过多次，欣赏了天鹅的壮美和恬静，那飘然而来的白色精灵，如梦如幻，多少天在心头萦绕。后来，在平陆的天鹅摄影赛中还获过奖。地窨院是平陆农村独有的居住方式。"上山不见山，入村不见村，平地起炊烟，忽闻鸡犬声。"就是在一块空地上向下挖出四合院，有窑洞，有水井。和运城摄协的同志们到张店一带好几个村拍过，留下许多美好记忆。平陆的桃树种植面积大，每年要搞桃花节，也拍过人像。还抽暇到平陆摄协主席牛宝山家参观过，向牛主席讨教过摄影技术。应该说在平陆的摄影实践丰富了我的创作题材。

三是沉淀了人生。晚上下班后，经常到三门峡陕州公园的黄河边散步，河对面就是太阳古渡口，听黄河涛声，看晚霞似火，消除了胸中块垒，少了浮躁张扬，多了平和从容。子在川上曰："逝者如斯夫，不舍昼夜。"我想，时间是最好的导师。人生浮沉，应是常态，顺势而为，便有化机。何妨吟啸且徐行，一蓑烟雨任平生。

言论天地

"及时雨"当常送

山西农牧厅为便于当地农民安排全年农业生产,最近接连就粮食、蔬菜等农畜产品的市场需求状况和市场价格趋势发布系列信息,被农民称为致富"及时雨"。读罢这则报道,禁不住拍手称赞。

现在,高度集中、僵化的经济管理体制已开始打破,农民可以根据市场的需要安排生产计划,自主经营。但是,走向市场,就必须了解市场。靠农民自己捕捉市场信息,接收面毕竟有限,迫切需要的是有关部门能转变职能,利用自身掌握信息比较全面、准确的优势,及时将所了解的市场情况告诉农民,使农民能真正围绕市场来生产。

让农民走向市场,不是说就可以撒手不管了。新的形势呼唤经常性的配套服务,诸如产前市场预测、产后市场销售等等。愿有关部门能给进入市场的农民以积极引导,常送"及时雨"。

(发表于《人民日报》1993年1月30日)

富了也要讲节俭

近日读报，看到两则消息：一是南京金陵石化公司用购置费少、耗油量小的天津夏利车作公务车；二是云南省烟草公司成立时，来客每人清茶一杯。

是他们没钱吗，非也。金陵石化公司是一家特大型石化联合生产企业，年销售额近四十亿元；云南烟草公司也拥有雄厚经济实力。他们甘于"寒酸"，不事铺排，确实令人赞佩。现在，随着我国改革开放的不断深入，一些企业经济实力增强后，忙于建高级房，购豪华车，花钱大手大脚。须知一个企业要真正得到发展，不仅要生财有道，更要聚财有方。经济越是发展，企业越是富裕，就越不能丢掉艰苦奋斗的好传统。

（发表于《人民日报》1993年5月27日）

该谁靠边

伫立临街窗口,忽听"靠边""靠边"的呵斥之声不绝于耳。隔窗望去,但见街头一辆警车开道,后面一长溜大小车辆招摇过市,路上的行人车辆纷纷躲闪避让,怒目而视。原来是一个不知名目的检查团在通过。

以笔者之见,检查团的车队过街,也必须遵守交通法规。试想,行人、车辆都在各行其道,如果不是执行特别紧急的公务,所有车辆都应该按规则行驶,有什么理由让他人让路,有什么权力让人"靠边"呢?

作为领导干部,不管是下基层检查还是调研,本来都是为人民服务的。作为为人民服务的公仆,就要情为民所系,利为民所谋,权为民所用。而有一些"公仆"恰恰思想错位,把自己看作高高在上、享有特权的"主人",对那种目中无人、鸣锣开道的行为早已习以为常,心安理得。很难想象,这样的人下基层能够指导出个什么结果,这样的干部群众能满意吗?

看来,这些"公仆"的确应该猛醒了。否则,就会在老百姓的心中"靠边"。

(发表于《运城日报》2003年11月12日)

南郭·吕蒙·市场经济

历史上南郭先生的故事早已家喻户晓。鄙人不谙音乐，但想那吹竽并非难不可学之技。如果南郭先生不是太愚钝之辈，只要用心练习，虽则半路"出家"，也能终成正果。而南郭先生的悲哀就在于懒于学习。

历史到了今天，"南郭先生"并未绝迹。面对市场经济的浩荡雄风，一些人甚至包括一些领导干部，仍处变不惊，浑浑噩噩，上班"泡"会场，下班入"麻场"，颤悠悠的方步照迈，书本根本无暇顾及或不屑去翻，成了一个个"市场经济盲"。

无知是可悲的，但并不可怕。读过《三国志》的人都知道，吴国大将吕蒙文韬武略，智勇双全，然而当初他确是大字不识一个的文盲，处理军机闹过许多笑话。后在吴主的劝说下，才孜孜不倦，勤奋读书，终于"非复吴下阿蒙"。

吕蒙的实例告诉我们：瞎混不会有出路，勤学方能治愚昧。那些类似南郭先生的"阿混"们也该是猛回头的时候了，如果再不改变作风，焕发精神，抓紧时间，努力学习，不用说建设市场经济，恐怕连它的门槛都无法迈进。

（发表于《山西日报》1995年11月19日）

"口号"要务实

河南郑州市最近宣布：今后不再提建设大郑州、全国商贸中心、建成国际商埠、建成东方芝加哥之类不切实际的口号。读罢这则报道，禁不住为郑州这种务实的做法叫好。

近年来，各地各部门结合自己的发展规划，针对性地提出了一些"口号"，经过媒体的传播，产生了很大的号召力，鼓舞了士气，凝聚了力量，客观地说，对经济发展和社会进步起到了不可低估的推动作用。但应当看到，由于一些领导干部头脑发热，急功近利，单纯从主观意愿出发，提出了一些高、大、虚的"口号"。这些"口号"既不切合当地实际，又不符合发展规律，不仅助长了讲大话、搞浮夸的不良风气，而且往往失信于民，影响了党和政府的形象，造成了极为严重的后果。

诚然，"口号"在新的时代仍然有其特殊的激励功能，不是实物所能替代。但"口号"的提出同样必须实事求是。不切实际，随意戴"大帽子"，或许能得利于一时，最终吃亏的还是自己。愿各地都能像郑州市那样，一方面少说空话，多办实事，一方面勇于否定自己，对过去的"口号"来个回头看，纠正偏差，使之真正起到为事业发展鼓劲、加油、助威的作用。

（发表于《检察日报》1996年2月21日）

群众期盼改进领导作风

地委、行署最近分别出台了改进领导作风的意见，要求领导干部从繁杂的事务中解脱出来，集中精力抓大事。同时，在全区经济工作分析会上又向领导干部再次发出了"聚精会神抓经济"的号召。读罢这些报道，笔者禁不住为这种倡实戒虚的做法叫好。

时下，我们的一些领导干部整天忙碌得很：今天为企业开业剪彩，明天在发奖会上做报告，后天又要给一单位题词。尽管风尘仆仆，十分辛苦，群众并不买账。他们说："净干些虚事，哪有工夫抓工作。"

作为领导，主要的职责应该是通过自己有效地组织协调，指导管理，使各项政策措施在本部门得到贯彻落实，推进事业的发展。由于工作任务的复杂性和艰巨性，许多时候还必须深入一线，调查研究，化解矛盾，解决问题。真是想要为官一任，造福一方，干出点名堂，非得出两身汗，脱几层皮不可。但是，一些领导干部却懒得在工作上动脑筋，下气力，把相当的精力，消耗在无谓的应酬上，热衷于抛头露面，轰轰烈烈，做一些表面文章，到头来，只会助长形式主义和官僚主义，贻误工作。

领导就意味着责任，领导就意味着奉献，实干才是领导本色。当前，我们的改革开放和现代化建设正处在攻坚阶段，面临着诸多新问题、新情况。时代呼唤着每一个对党的事业、对本职工作高度忠诚和负责的领导干部，鼓实劲，干实事，勤学习，多调研，出良策，恪尽职守，图报人民。这样，我们的事业才能兴旺发达。

（发表于《运城日报》1999年8月31日）

来个投诉"不作为"

读了《马丁先生的苦恼》一文,心里很不平静。有关部门较低的办事效率,讲不清名堂的检查赞助、不算通畅的道路、较差的治安环境,都给作为企业经营者的马丁带来了不少的苦恼。这里固然有多种原因,但我想政府职能转变不到位则是问题的症结所在。

一是管理上存在误区。作为政府,管理是自身重要职责。在市场经济条件下,政府管理企业,主要是看企业的产品是否符合国家产业政策;环保是否符合要求,即主要在宏观导向上做文章。但一些职能部门一提管理,就是检查,就是罚款,就是干预。

二是在服务上观念滞后。服务是新形势下政府最主要的任务。具体来说,就是千方百计为企业发展创造宽松的空间:如发布市场信息,给资金扶持和智力支持、治理周边环境、提供便捷的交通、通信条件等。而现在我们的一些政府部门摆不正自己的位置,总以为自己是"上帝",企业有求于自己。

三是在行政上责任不强。忠于职守,尽职尽责是对政府部门及其工作人员的起码要求。马丁所在企业的苦恼长时间得不到解决,以至于上书省委、省政府领导。那么,我们不禁要问,这么长时间有关部门在哪里呢,是不知道,还是知道而不办?我想最主要还是责任不强,自身履职的职责没有有效履行。真是这样的话，企业完全有理由投诉职能部门的"不作为"行为。

（发表于《运城日报》2000年12月26日）

种地也要有资格

入党、提干、评职称论资格，人们会觉得理所应当，然而，要把种地与资格连在一起，许多人或许不理解。

据报载：北京大兴县对从事果树、农机、蔬菜、养殖、大田作物五个行业的农民实行"绿色证书"制度，只有经过技术培训，经考核取得合格证书的农民才能上岗承包。

看来种地也要有资格。"念不好书，长大就去种地"，从小到大老师总是这样教导："识得锄把子，就能种了地"，土里刨食的家长也是这样唠叨。在人们眼中，种地是再简单不过的事了。如今却不同了，同样是种粮，有人亩产千斤，有人二三百斤；同样是栽果树，人家硕果累累，自己的树虫害难除，缘何？人的素质高低不同使然。

经济的发展和社会的进步，使得种地的内涵也发生了深刻的变化，它不仅包括种粮，还包括养殖、机械等诸多行业，技术含量也越来越高，只有有文化、懂技术、高素质的农民才能驾驭。单靠满手茧花和多年"皇历"种地已经远远落伍了。因此，我们应从现在起抓紧对农民进行科技培训和文化培训，造就高素质的新一代农民。

（发表于《河北农民报》1994年12月9日）

"追星"的失落

我一向以为"追星"并无过错。年轻人尤其是大中学生热情、天真,崇拜明星也是十分自然的事。至于一些人,追得要死要活,将明星当成自己生活的偶像,甚至为"星"消得人憔悴,虽不可取,但终究是个人兴趣,并不危害社会。在我想来,只要处理好工作和学习上的事,"追星"又有何妨呢?

然而,明星们却时常不争气。翻开报纸,捧"星"的文章铺天盖地,曝光的新闻也令人目不暇接:某"星"拍电影中途请"病假",但这病扁鹊在世恐也难治,导演无奈,请来了"孔方兄"救驾;某"星""高风亮节"主动参加希望工程义演,观众纷纷募捐,殊不知钱财却尽装"星"的腰包;还有某"星"在逃税,还有某"星"打记者……在我印象中,这些"星"在舞台上都很正直、无私、潇洒,竟不知他们在现实生活中扮演的角色并不那么光彩。

由此,我感到深深的失落。看来,演戏归演戏,做人归做人,并非一码事。"追星族"之所以追得如痴如醉,很大程度上与我一般一厢情愿地把"星"的人品和演戏中的角色画了等号,于是加倍付以热情。

不过,只要生活仍在继续,影坛歌坛就不会寂寞。各类"歌王""影星"仍会此起彼伏,不断推出。每每在欣赏他们闪烁斑斓的表演时，听着报刊文如珠玉的介绍，我心里只暗暗祈祷："可别又是个假冒伪劣品。"

(发表于《深圳商报》1999年4月6日)

"硕鼠"何以猖獗

人们痛恨毁坏财物、传播疾病的老鼠,然而尤其痛恨那些披着人皮侵吞公款、大吃大喝的"硕鼠"。近读报纸,看到安徽阜市插花镇朱楼村九名村干部公款吃喝竟达十万元之多,被曝光惩处,深感欣慰,却又不由心生疑惑:"硕鼠"何以如此猖獗?

人常说,胆小如鼠,可见鼠辈的胆子原本不大。这也难怪,常在阴暗的角落里做苟且之事,一闻风吹草动,怎能不浑身糠筛。然而,也不见得,安徽的这几只"硕鼠"光天化日之下,大吃无虞,嚣张到了极点。他们不仅开会吃,防疫吃,而且有事没事也吃;不仅自己吃,还七姑八姨吃;不仅侵吞财物吃,而且贷着款吃。

"硕鼠"之所以如此横行,我看原因主要有三:一是上级领导的放纵。你想,多次吃喝,有关领导难免不在被请之列,然吃人者口软,觥筹交错之中,党的原则、中央的禁令,早抛到脑后去了。二是财务管理的混乱。小小朱楼村并不富裕,九名村干部却人人都有开支权,烟盒也能顶钱。三是监督检查的滞后。吃喝长达三年之久,难免形张于外,然而从不见有关职能部门和组织审计查问。如此说来,怨不得"硕鼠"的胆大妄为,倒应该归咎于人们警惕性的放松和外部环境的"宽松"。

"硕鼠"为所欲为,啃光了人民血汗,败坏了优良传统,侵蚀了共和国肌体,人民群众深受其害,无不深恶痛绝。铲除"硕鼠"人心所向,众望所归。当务之急,就是要借反腐倡廉的东风,多管齐下,综合治理:一是要发动群众,曝光揭露,使其无藏身之处;二是要完善机制,加强财务管理,使其无机可乘,断绝"粮草";三是动真碰硬,发现一个惩处一个,绝不心慈手软。倘能如此,则"硕鼠"将无立锥之地,看它还上哪儿去猖獗。

(发表于《山西农金报》1995年)

孩子，你行！

邻居的孩子在中学读书，学习成绩一度比较差，感到自卑。其父亲了解后，耐心地帮其分析原因，寻找对策，并热情鼓励说："孩子，你行！"孩子从父亲的话语中增添了信心，学习成绩很快提高。

作为学生，学习成绩出现波动也是正常的现象，父母亲一定要理智地看待。事实上，我国公民从来没有像今天这样重视过家庭教育。但是，由于一些父母望子成龙心切，在子女的教育上常常陷入误区，不是要求孩子考第几名，就是要求达到多高分，而当孩子考试成绩不理想时，又不问原因，辱骂训斥，甚至拳脚相加，结果事与愿违，孩子的自尊心受到挫折，学习成绩反而会越来越差。

客观上讲，每个孩子都有希望成才，作为父母亲关键要施以正确的教育方法，对孩子切不可过于苛求，当孩子遇到挫折时，一定要学会因势利导，多给予鼓励和安慰，帮他们尽快走出低谷，同时千万别忘了对他们说声"孩子，你行"！

（发表于《山西晚报》1993年10月19日）

"封杀"失信者

沪浙闽金融界宣布将不守信用、不履约的企业和个人列入"黑名单",各金融机构联合起来,使他们在辖区范围内再也不能得到信贷等金融服务,同时严格限制逃债企业贷款。读罢这则报道,笔者禁不住拍手称道。

"借钱还钱,欠账还账",自古以来,天经地义。然而,近年来在经济发展的同时,一些借款户的信用意识却不断弱化,借款到期不是想法还贷,反而花样翻新地逃债,致使银行大量贷款被拖欠,不良贷款急剧增加。这些做法不仅影响了银行效益,而且扰乱了社会正常的经济秩序。对这些有钱不还、不守信用的客户,以往银行主要靠道义劝告和感化,客户如果无动于衷,银行只能是无可奈何。尽管也搞依法收贷,但许多都流于形式,效果也不理想。再加上金融同业间信息沟通较少,不良客户更是有恃无恐。在甲银行逃了债,又到乙银行借上款了。应该说银行防范制约手段的滞后和软弱从某种程度滋长了失信者的侥幸心理,给其造成了可乘之机。

不再与没有信用的企业和个人"打交道",金融业的这一联手制裁行动给不守信用者敲响了警钟,使其如过街老鼠,人人喊打,无处藏身,失去了存在的市场。从根本上讲,此举有利于社会良好信用意识的培养，有利于集中精力支持信用度高的优良客户。同样，也有利于银行自身权益的维护。愿它的实行能够创造出一个相对健康有序的金融环境来。

(发表于《山西经济日报》1999年5月2日)

"导医服务"之外

昆明一家医院近来开办了"导医服务"。导医人员每天面带微笑,热情地迎候病人,并为他们指引就诊地点,介绍科室特点,参谋治疗方式。

与以往表情麻木、冷言相对相比,这家医院的做法确实是个进步。但笔者认为仅有导医还远远不够,医疗工作本身就是一项综合性的系统工程,究其配套服务来讲,内涵还很丰富。"导医"只是最起码的要求,核心是要为看病群众提供周到、高效、快捷的服务。长期以来,群众感到就医难,取药上下楼来回奔波,挂号等待很长时间,烦琐的手续,过多的环节,较低的效率,给群众就医带来了许多的烦恼和不便。

那么,这些问题是否就很难解决呢?并不尽然。就诊科室不好找,多挂几张分布图、多设几个指示牌就行;挂号处也可以各科室通用;至于取药,像银行柜员制一样,一个窗口既划价、收款又发药,只要加强监督就行了。这样,有的仅举手之劳,有的经过努力,也能逐步达到。但以往之所以做得较差,群众意见很大,认真说来,非不能也,而是不为或为少也。

由此看来,"导医"之外,还大有文章可做。把治标和治本结合起来,才能把文明服务真正引向深入。

(发表于《今晚报》1997年1月28日)

承诺服务贵在实

服务行业把服务推向社会，公开向社会承诺，这种自加压力的做法，无疑鼓舞人心。但"承诺"必须高标准，严要求，实实在在。某银行新近向客户推出了一项"限时服务"承诺，即营业员办理每笔业务超过规定时限，要向客户赔偿误工损失。这种服务一经实施，深受社会各界欢迎。

目前，多数"窗口"行业都结合实际提出了自己的"承诺服务"。但细观一些"承诺服务"的条款，有的内容不够严密规范，有的缺乏可操作性，有的没有创新。凡此种种，都使"承诺"在群众心目中打了折扣。

"我们理解需要承诺的是超过一般服务水平的项目，没有法规限制而需要实实在在自觉遵守的部分。"一位普通的客户如是说。看来，"承诺服务"也要确实体现优质服务，赶时髦，摆花架子，是万万要不得的。

（发表于《运城日报》1996年7月27日）

仅有笑脸还不够

到某储蓄所取款，正赶上该所开展优质服务竞赛活动，储蓄小姐们笑脸相迎，态度热情，令人着实感动，但遗憾的是一笔简单的手续竟办了很久，让人平添了许多不愉快。

所谓优质服务，我想，内涵重在服务的质量，笑脸相迎，热情待客是其应有之义，自不待言。关键还是要有扎实的基本功，准确、快捷的工作效率。如果说作为储蓄员打不准算盘，算不清利息；作为售货员，不了解所售商品的特性，一问三不知。那么，纵然笑得再殷勤，也不会吸拢来更多的客户。

面对激烈竞争的今天，无论是储蓄员、售货员或别的什么员，要紧的还是在钻研业务上下功夫，在提高服务质量上下功夫。唯其如此，才能为客户提供真正的优质服务，才能在竞争中立于不败之地。仅有笑脸，是远远不够的。

（发表于《山西农金报》1993年2月11日）

想象力也是财富

市场角逐，奇招频出。有时，想象力也是制胜的武器，也是宝贵的财富。

西瓜是圆的，人所共知。然而，日本的商人却突发奇想，欲将西瓜由圆变方。他们聘请农科人员，利用模具，反复试验，终于获得成功。方形西瓜由于新奇方便，销路大增，商人们由此获利甚丰。

若干年前，一文不名的美国药店小店员坎德勒从一个老医生手中偶尔购得一把大茶壶、一根木棒和一张写有配方的纸条，他几经蒸煮，最终提炼出了现今风靡世界的魔液——可口可乐，随之给他带来的是无尽的财富和荣誉。其实，真正使坎德勒获得成功的是他加在配方中的想象力，他预测那种液体将会大受欢迎，就勇敢一试，终于如愿以偿。

赚更多的钱是所有的商人无一例外的选择，然而致富的愿望必须有致富的点子做后盾。纵观世上的致富成功者，都是这样一些人：他们深知自己该怎样才能赚到钱，善于将微乎其微的希望变成现实。而这些都得益于他们有一份异乎寻常的想象力，这种想象力是由一个个开创性的念头组成的，它给人们的思维插上了双翅，引导人们跳出旧窠臼，步入新天地，从而在市场竞争中取得胜利。如此说来，活跃的想象力对市场中人实在也是一种不可多得的财富。

（发表于《中国城乡金融报》1994年8月23日）

金玉其外又如何

在市场上，人们常把消费者奉为上帝。然而，上帝也有烦恼的时候。不久前，有位同事被一件包装精美的儿童玩具所吸引，就放心购买了，回家稍一摆弄，全散了架，成了废物一堆。同事懊恼不已：真不该以貌取物。

客观地说，长期以来，我国商品设计包装比较粗糙落后，影响了商品的销售和出口，每年减少收入上千万元。因此，在保证商品质量的前提下，改善商品的包装水平理所当然。然而，一些厂家不在产品质量上下功夫，一味在改换包装上做文章，借包装掩饰商品质量的不足和缺陷，甚至兜售假冒伪劣商品，真所谓金玉其外而败絮其中。

诚然，改进商品的设计和包装，对增强商品的竞争力，提高销售的附加值，吸引消费者，确有重要意义。但是改进包装切不可忽略商品的质量，因为消费者追求的核心，仍是商品本身的使用价值，而不是其他。华而不实的商品或可得逞一时，却最终要遭到消费者的唾弃。

（发表于《深圳特区报》1994年7月27日）

经济地生活

尽可能经济地生活——这是金融危机以来越来越多的人和家庭形成的共识，面临的调整。

一提起经济，许多人都觉得很神秘，认为它是专家的事，和自己的生活很遥远。

其实，经济包含的意思很多，从大的方面说，指国家或企业的收支状况，比如国民经济总产值。从小处看，经济就是指节约，就是个人或家庭在生活消费上精打细算，用消耗较少的消费品来满足最大的需求。由此看来，经济与我们每个人的日常生活息息相关。

美国人崇尚超前消费，提倡"潇洒地过日子"。危机一来，财富迅速缩水，过惯了靠借贷过日子的人们叫苦不迭。有人变卖了大宅住起了小单元，有人辞去了保姆自己动手做饭……而国人也一下子醒悟过来，开始改变了不少。少开私家车，骑自行车；不再去昂贵的健身房，而是到公园锻炼身体；开始合伙拼婚拼车等等。而这一切，实际上是生活态度和消费方式的回归。这就是经济地生活。

经济地生活，就是要量入为出，遵循收支平衡的原则，倡导勤俭持家的传统。

（发表于《黄河晨报》2009年6月11日）

另一种忠诚

受全球金融动荡的影响,国内股市今年以来持续低迷,基金也应声而落,净值跌跌不休,基金的持有者也大多亏损。是割肉离场,还是等待观望,基民们处在焦虑、恐惧之中。而此时,作为基金销售主渠道的银行能够做些什么就显得十分重要。

不可否认,投资基金的人们不乏专业人士,但相当多的是普通老百姓,缺乏理财方面的知识和经验。在去年(2007年)基金形势大好的情况下,跟风进市成了基民。他们除过在基金公司认购外,主要是从各家银行的营业网点或网上银行购买。保守测算,从银行渠道认购、申购的基金有三百多支,总额不下数千亿,开立基金账户的基民当以百万计。

应该说,只要在银行办理业务的人理所当然就是银行的客户,银行就有提供诚信、专业服务的义务。作为基金这种理财产品,银行也只是接受基金公司的委托,代理发行和托管,赚取手续费而已。基金公司有责任有义务不仅仅在基金净值高涨时高呼"投资基金,轻松实现财富增值的梦想",而且更要紧的是在基金低迷时为基民兑现告知风险、答疑解忧的承诺。

从这个角度讲,基金市场的变化、基民的关切和银行关系不大。但事实恰恰相反，许多基民既是基金公司的投资者，又是银行所售基金的购买者，同时又是银行储蓄、信用卡等产品的现实客户。在当前形势下，基金公司应该有所作为不假，作为基金销售主渠道的银行似也不应缺位。

对银行来讲，就是要向购买基金的客户既推荐产品的优势，又介绍存在的风险。要通过培训、客户见面会等形式，回答客户咨询的问题，使他们认识到经济运行的周期性，分析基金市场的前景，树立对基金后市的信心。还要及时提供基金价格等方面的信息……

其实，把一种产品销售出去后，并不是就可以撒手不管了，售后服务的任务仍然很重。商家若此，银行也概莫能外。当银行一味抱怨客户的忠诚度时，是否也该反思一下银行对客户忠诚度够不够。

这也许又是一个新的课题。

（发表于《城市金融报》2008年11月4日）

学会推销自己

据报载：山西省长子县某企业因忽略产品的宣传促销，致使该企业生产的填补省内空白并获国家科委奖的多功能冲剪机蒙尘角隅，欲嫁无门。

优质的产品，竟受到市场的"捉弄"，值得我们深思。由于受传统文化的影响，长期以来，国人大多崇尚谦虚含蓄，凡事不喜欢张扬。在产品销售上，总是信奉"酒香不怕巷子深"的古训，对广告宣传"犹抱琵琶半遮面"，不敢大胆推销自己，这样，即使"货色"再好，也只能"养在深闺人不识"。

市场经济瞬息万变，竞争激烈。任何一种产品，要想在市场上占有一席之地，除了要有过硬的质量和优质的服务外，还要下功夫组织营销，即推销自己。推销自己的意义在于：树立企业和产品的良好形象，提高其知名度，让消费者了解并乐意为之解囊。事实上，许多企业像可口可乐公司、健力宝集团之所以取得成功，善于推销自己，是很重要的因素之一；相反，一些企业扎紧篱笆，自我封闭，最后只能落得像长子县这个企业一样徘徊在市场边缘的下场。

学会推销自己，是商品经济条件下企业的必要选择。对企业来说，当务之急要做好两方面：一是要走出传统观念的误区，理直气壮地推销自己；二是要注重推销策略和艺术，广泛运用适合市场经济的各种宣传方式，尽快缩短与市场的距离，获得消费者的信任和"青睐"。

（发表于《金融时报》1993年11月24日）

信息扶贫好

近闻江苏某县民政部门在扶贫中,给重点帮扶对象每户订了一份《江苏科技报》和《致富报》,使许多贫困户在报纸上找到了脱贫的办法,成了名副其实的"报发户"。

给贫困户订报送信息,确实是个好做法。以往我们也曾为扶贫做了大量工作,但多是在资金和物资等"硬件"上做文章,结果常常治标不治本。

贫困户之所以贫困,固然有多方面原因,但很大程度上是由于交通闭塞,信息不畅,以至于当地的资源和农副产品与市场无缘,变不成商品。

因此,对贫困户来说,最迫切得到的莫过于脱贫的门道和信息。订份经济信息类报纸,实际上为他们开阔视野,捕捉市场信息,有目的地组织生产经营提供了方便,从而也就加快了脱贫的步伐。

"要致富,找市场。"从长远来看,围绕市场发展生产才是摆脱贫困的必由之路。因此,多提供信息服务,当好农民进入市场的"领航员",在当前的扶贫工作中具有重要的意义。当然,订报送刊只是其中的一种形式,有关部门还可以利用自身掌握信息比较多的优势,向贫困户定期发布信息,并予以及时指导。这样效果就会更好些。

(发表于《中国城乡金融报》1995年2月22日)

信用要靠法律来维护

信用就是诚实，不欺骗，它是我们中华民族的传统美德，也是做人或企业行事的基本原则。现在之所以出现信用危机，主要在于我们总是从善良的愿望出发，以为人性本善，所以把信用只是放在一个道德的范畴去度量，也只是靠道德的力量来约束。比如：一个人贷款不还，我们总是一次次上门，一次次去催，人家不还也没有办法，最多舆论谴责一下罢了。这样，就产生了许多负效应：已经还款的人看到人家不还还逍遥自在，感到后悔；没有还款的人更加有恃无恐不还款了。再比如：我们查处制假者后，曝一下光罚一点款就完了，与人家造假获得的利益相比反差巨大，这样造假者何苦要束手呢？所以在今天人们价值观多元嬗变的情况下，仅靠道德来约束信用，已经显得苍白无力。

近闻，广东的一个法院对十名长期赖债不还的"赖债户"在执行未果的情况下，予以司法拘留，其他的一些欠债户受到震慑，纷纷主动还款。看来，一个诚实讲信用良好氛围的形成，既要靠道德的力量去塑造，更要靠法律手段来维护，法律是信用最后的防护线。

（发表于《运城日报》2001年11月21日）

名牌要练"防身术"

报载：山西某酿造厂生产的"晋泉牌"老黑酱，近年来屡遭冒牌货袭击，致使元气大伤，几近倒闭，工商部门打假时，却发现该商标从未注册过。

名牌产品被冒牌货挤垮无疑是十分不幸的，然而尤其使人痛心的是该名牌产品生产十多年却不知注册，商标的专用权至今受不到法律的保护。

时下，假冒伪劣泛滥猖獗，侵犯名牌权益的事时有发生。究其原因，除某些人唯利是图，地方政府查禁不力外，与名牌的自我保护意识不强也有直接关系。作为名牌，在产品质量方面，可能是无可挑剔的，但如何保护自己并不一定高明。有的不知道给商标注册，有的不注意经营的技巧，有的在冒牌货面前束手无策，屈服退让。凡此种种，都给"李鬼"们造成可乘之机。

俗话说，害人之心不可有，防人之心不可无。在冒牌货横行的今天，名牌要想在市场上站稳脚跟，独步天下，尤其要学会保护自己，练好"防身术"。对名牌来说，当下最有效的防身之道，一是要学法知法，尽快熟悉《商标法》《反不正当竞争法》等，并能在经营活动中带头自觉遵守；二是要讲究营销策略，在产品名称、商标注册、销售渠道选择等方面，另辟蹊径，独树一帜，尽量减少被假冒机会；三是要下大力气采取防伪措施，向群众宣传商品鉴定方法等；四是勇敢拿起法律武器，理直气壮地打假。倘能若此，则"李鬼"们又奈其何也。

(发表于《山西日报》1994年10月23日)

要善于寻找市场断层

近闻某一产品滞销严重的服装厂，因转产特体服装和学生系列服装，又起死回生，产品供不应求，问其秘诀，答曰："寻找并利用了市场断层。"

细细想来，此话确有道理。平心而论，现在市场上的商品大为丰富，方便了群众的生活。留心观察，仍能发现市场上还存在一些商品断层，特别是衣着类商品更为突出。虽然说生产服装的厂家很多，但特体服装和中小学生服装仍很难买到。该厂正是瞄准了这一断层，组织生产和销售，从而取得了较好效益。实际上这方面的例子还有许多，像温州的纽扣市场、武汉汉正街的小商品市场都是靠弥补断层取得成功的。

随着商品经济的发展，市场竞争会越来越激烈。传统的"生产什么卖什么的"营销观念已经过时。认真研究市场需求，以全新观念和手段参与竞争，势在必行。对一些企业来说，寻找市场断层，瞄准商品空档，在拾遗补阙中做文章，不失为一种生存发展之道。

（发表于《中国城乡金融报》1993年3月11日）

危机也是"充电"时

时下,经济的"冬季"不期而临,每个人都感到了阵阵寒意。随着危机的逐步蔓延,一些企业出现了倒闭、减产、裁员、降薪现象,已经不可避免地影响了人们的生活质量。在危机面前,许多人则无所适从。一味抱怨,还是面对现实,是许多人需要考虑的问题。而寻找出路是所有人特别是下岗失业者必须面临的问题。

仔细分析目前的形势,全球经济整体出现了下滑,随之而来的经济结构的调整和转型势在必行。相对低端的制造业和加工业,以及由于有效需求不足涉及的证券业、服务业就会在市场的剧烈嬗变中率先出局。但由于这些行业多数是劳动密集型企业,所以下岗人员就相对集中。对这些企业来说,需要提高生产力,适应市场变化,浴火重生;而这些失去工作的员工,除接受政府、企业援手救助外,关键要有长期艰苦努力的思想准备,擦干眼泪,放下身段,立足于自救。

大家知道,一个本领大、技能多的人,竞争的优势就比较明显,就不过分担心失业;相反,一个知识陈旧、技能不强的人,就算没有危机,也可能被淘汰。有消息说,国外每逢经济萧条时,很多失业的人都回学校读书了,连华尔街的资本家也是如此。所以,参加一些新的谋生技能的培训,学习一些适合自己的专业知识,强骨壮体,加紧"充电"

正当其时。这样,既能自主创业,也能够在经济复苏时凭一技之长,找到自己的位置。

(发表于《黄河晨报》2008年12月22日)

"削足适履"与"量体裁衣"

某企业看好了一笔生意,但手头流动资金不足,向银行申请贷款,材料上报了一个月,仍无回音。此时,市场价格已发生变化,商机白白丢失。

其实,类似这样的情况已经成为经济领域十分突出的问题。有资料显示,近四成中小企业因资金周转困难在生死线上挣扎。尽管全社会对此很关注,但中小企业贷款难并没有得到根本性解决。原因是多方面的,但从企业的角度来看,还是银行缺乏专门为中小企业贷款服务的标准和品种。

中小企业一般规模小,财务管理不健全,担保抵押能力弱,但其所处的社会地位很重要,对GDP的贡献逾60%,同时提供了75%的就业岗位。而长期以来,银行以利润最大化为经营目标,在客户选择上过多注重大企业、大客户,贷款标准和操作流程也是按大客户或国有企业设计的。以这样的标准去要求中小企业,无异于"削足适履",中小企业只能是望贷兴叹了。

由此,银行方面应该看到,中小企业经营和大企业相比,有自己独特的内在规律。中小企业贷款往往额度小,期限短,笔数多,借还频繁。因此,要解决中小企业贷款难的问题,银行要转变观念,无以利小而不为。

实践证明,哪家银行拥有的中小企业客户资源多,哪家银行就有活力,就能够实现可持续发展。当务之急,在于"量体裁衣",按照中小企业实际情况,去量身定做适合他们的贷款方式:一是放下身段,不要把中小企业当包袱,主动靠拢优良中小企业。二是降低门槛,建立专门的中小企业信用评级和贷款标准,特别是细分行业和规模,让大多数中小企业都有贷款的机会。三是搞活担保。无资产抵押的,由信用度好的客户担保,有存货、专利、商标权的也可设置担保。对于一些优良中小企业也可信用贷款,免担保抵押。四是精简流程,原则上在批准的额度内,随用随贷,循环使用。

(发表于《黄河晨报》2009年7月13日)

学会"爬坡"

夕阳下,一头负重的牛在陡峭的坡道上,弓腰弯背,双眼圆瞪,迈着沉重的步履,虽大汗淋漓,气喘吁吁,却一步一个脚印地向前努着、努着……这是农村中极普遍的一幕,但它对于今天我们的银行人来说颇具启示意义。

时下,由于种种原因,一些银行资产质量较差,经营的包袱沉重,效益不佳,甚至出现了亏损。应该说,银行业正处于一个特殊时期,发展的道路上面临的困难很多,也如负重的牛一般,还有无数的"陡坡"需要去爬。

然而,吃惯了大锅饭,过惯了平稳日子的银行人,一时却未必适应。面对"陡坡",有的一筹莫展,坐等转机;有的妄自菲薄,自暴自弃;还有的一味叫苦连天,怨天尤人……

其实,今天的银行人别无退路。向商业银行转轨的号角已经吹响,不管主观愿意如何,银行实际上已处于市场经济的"坡口",盈亏自负,风险自担。如果不能顺利征服前进路上的一个个"陡坡",只会被历史潮流所淘汰。

"爬坡"并不是轻而易举的事。咬牙挺胸,团结一致,顽强拼搏,坚韧不拔,最终才能战胜困难,走出低谷。那时候,前面定然是个新天。

(发表于《中国农村金融》1996年第2期)

从"日升昌"的用人看现代金融

了解山西金融史的人不会不知道日升昌票号。日升昌票号历经一百余年,其制度建设、经营策略、业务运作等许多方面在今天看来也比较先进,值得现代银行业界借鉴。认真思考日升昌的发展,笔者觉得其在用人方面更是独树一帜:

一是率先引入人力股。人是最宝贵的财富,但如何体现这种财富,如何运用人力资源是个难题。日升昌根据所有员工的职责和能力,确定人力股份,并与股东的资本股一起入账,资本股和人力股共同参与利润分配。

二是实行用人风险制。除一般人员进入票号要找保人进行公证外,日升昌最大的创新在于前任总经理退下来后,可以推荐总经理,但两年后才能参与经营分红。如果后任总经理确实有才,经营良好,自然分红就多;如果推荐的是庸才,则两年的分红就要搭赔进去,以后就只能喝西北风了。

看来,日升昌的用人制度确实高明,人力股把每个员工与企业利益最大限度捆绑起来,培养的是员工对企业的忠诚度。干部使用上的风险制度则逼迫着管理的人必须任人唯贤。你愿意用七大姑八大姨或是哥儿们弟兄也行,但弄不好则连自己一块赔进去。

品味着曾经失落的辉煌，咀嚼着渐行渐远的历史，我们要从中发掘出古为今用的东西，让这些宝贵的历史财富真正为我们所用。

（发表于《黄河晨报》2009年1月5日）

银行的钱是谁的

长期以来，人们都以为银行里的钱理所当然是国家拨的，来源于政府，是"公款"。在传统的计划经济体制下，国拨资金所占比重较大。然而，随着市场经济的发展，各家银行的负债结构也发生了显著的变化，银行资金来源中，国拨信贷基金中所占份额越来越小，再除过财政、企业存款外，60%左右来自群众储蓄存款，几乎可以这样说，银行的钱主要是老百姓的。

习惯认识上的模糊，使人们在具体操作上，常常陷入了误区。表现在对银行钱的使用上出现了"四多一少"。"四多"就是行政干预多，地方政府把银行当成"第二财政"，对信贷投向横加干预；企业依赖多，没钱就找银行要，国家的企业用国家的钱犹如"儿子用老子的钱"一样自然，靠在银行身上不起来；胡支乱用多，千方百计把贷款搞到手后，又胡支乱用，大把花钱；逃债赖账多，对债务不负责任，特别是利用企业转轨之机，趁机"甩包袱"，所谓的"大船搁浅，舢板逃生"。"一少"即：银行关心经营成果少，对资产增值既无压力，又无动力。

老百姓把钱存入银行，一为安全，二为盈利。从本质上讲，存款只是对银行资金使用权的暂时让渡。银行之所以能够获得资金来源，主要是凭借于存款人对它能够如期归还存款的基本信赖。过去银行信用由国家做担保，不存在问题。随着银行向自负盈亏、自担风险的商业银行转轨，用户信用风险度也在增加。要真正提高资产质量，确保贷款安全，当务之急是：一、政府要转换职能；二、按现代企业制度构筑起真正的企业；三、加快银行市场化步伐，建立起切实可行的资产风险约束机制。否则，贷款收不回，国家、银行以及老百姓的利益都将受损失。

（发表于《山西日报》1994年11月13日）

银行经营的吸引力在于服务

前不久,南京某公司提前换掉了借自两家中资银行19.9亿元的贷款,随即又从花旗银行借贷了同样多的贷款,到花旗银行开户办理业务。多年的老客户一下子投奔到外资银行,在当地金融界引发了一场"地震"。对这个公司投奔外资银行的原因人们众说不一。但有一点可以肯定,我们的银行没有具备足够的吸引力留住这个大客户。

众所周知,银行的盈利是建立在为客户服务的基础上的。服务什么?服务"便利"。贷款是融资的便利,存款是保值和安全的便利,结算是资源和支付的便利。如果银行能提供这些便利的服务,客户才能选择它。银行如何留住忠诚的客户?这就需要经营。经营什么?经营吸引力。只有为客户提供比别人更大的便利才能吸引客户。

时下的农业银行已经拥有了一大批优良客户,这些客户在起步阶段得到过农行的大力支持,对农行有较深的感情。但如果长期服务单一,效率迟滞,手段落后,老客户也会流失,新客户开拓就更困难。因此,学会经营吸引力对我们来说是当务之急。而要经营吸引力首要的是提高服务水平。一般而言,客户使用银行服务的种类和数量越多,更换银行的可能性就越小。所以,改进服务就是要增加品种,提高效率,增强内涵,创新管理,用点点滴滴细致入微的真诚培育吸引力,用优良的产品优质服务塑造吸引力,用服务大众回报社会的理念经营吸引力。

(发表于《黄河晨报》2008年12月15日)

银行"惜贷"的背后

今年以来,银行信贷投放总量明显减少,这是银行业贯彻执行宏观调控政策的结果。但随着金融监管当局"引导货币信贷合理增长"政策的出台,当前某些银行存在的问题却是在有放贷资金和规模,有资金需求且符合贷款条件的借款者情况下,宁愿将资金上存也不愿意放款,从贷户来看,银行"惜贷"表现更加突出。

分析以往的"惜贷"现象,主要是因为银行找不到合适的承贷主体。现在除客户准入更严、风险控制要求更高外,笔者分析主要是以下几方面的深层次原因导致基层信贷人员放贷积极性不高:一是信贷责任划分不尽合理。既表现为调查、审查、审批岗位前后台之间责任不对称,也表现为随着信贷审批权的上移,各级行上下责任的不对称。如果贷款出现风险,追究的对象往往是基层操作层。二是贷款责任追究不尽科学。对信贷人员由于道德风险而造成的贷款损失加大追究力度,严肃信贷纪律,无可厚非。但对于借款人客观经营发生重大变化或因银行制度涉及漏洞而造成的信贷风险,则应区别情况,减轻责任或免责。特别是永久责任制的实行,对基层操作层造成很大的心理压力。三是正向激励不足。

"惜贷"现象如果长期存在,将会对银行产生严重后果:一是客户流失加剧。二是银行盈利空间缩小。三是社会形象恶化。应该说,如果任由这种消极的信贷文化蔓延,银行则潜伏着更大的风险。

要解决银行"惜贷"的问题,笔者建议:首先,要明确信贷操作各层面的责任,规范流程。要合理授权,做到既不越位又不缺位。进一步加大贷审会的责任,针对不同类型的客户,组织不同的审贷小组,实行记名投票,引入风险机制。对小额贷款则包放包收。其次,要强化正向激励。对营销优良客户,保持优质资产,对银行创效做出贡献的给予重奖。最后,追究责任要区别情况。对于有道德风险的要严肃处理,造成严重损失的要追究法律责任。对能力风险造成的信贷风险,要把经济处罚和行政处理有机结合起来。总之,只有培育积极健康向上的信贷文化,才能直面银行追求盈利而又规避风险的现实要求。

(发表于《中国城乡金融报》2008年9月22日)

何不设立支农信用卡？

作为集支付与结算为一体的信用卡，一经推出就因其方便、灵活而受到众多客户的欢迎，其业务也发展较快。目前无论是种类还是发卡量都在大幅度增加。但笔者以为，现有的信用卡主要是生活消费卡，特约单位集中在宾馆、酒店、商场，持卡人也多是个体户、有钱的老板及一些高收入者。真正为农民持有，为农业生产服务尚难做到。

农业是我国国民经济的基础，它的发展已经引起有关部门的高度重视，也成为各金融机构特别是农金部门支持的重点。但在目前的农业信贷资金投放和使用中仍然存在着一些问题：一些农业贷款中途被截流，转移用途，送不到农民手中；个别行由于受规模、资金限制，支农资金不能及时足额到位，贻误农时；贷款的程序复杂，办事效率较低，使农民多次往返，不能解决农民购买化肥、农药等生产资料急需。凡此种种，都制约了农贷资金作用的发挥，挫伤了农民的生产积极性，影响了农业生产的进一步发展。而开办"支农"信用卡则可以有效地解决上述问题。

所谓"支农"信用卡，笔者以为它实际上是一种特殊的信贷方式。其具体运作程序是：由担负支农任务的银行发行，需要农业生产资料的农民可随时申请，发卡行审核申请者的经济信誉，符合条件的才发卡；

农民取得信用卡后在生产过程中需购买物资时，持卡就可以直接到就近的生产资料部门购买，不必付现金，填一张信用卡单即可。等到生产周期结束后，农民向银行还钱，银行再把钱拨给特约的生产资料公司、涉农的服务部门。需要说明的是，这种卡既要符合信用卡一般章程，同时又要考虑农民的经济承受能力，保证金起点要低，归还期限也可适当延长。

作为一种金融创新工具，事实上，这种"支农"信用卡目前在阿根廷、日本许多国家都已推行开来。和以往的农贷投入方式相比，其优势也很明显：其额度较小，手续简便，基层行就可办理。因此，它方便、快捷，解除了农民的后顾之忧；扩大了涉农部门的业务范围，可以为农民提供更完善的服务，从中获得相应的利润，降低了资金损耗，减少了运钞等费用，增加了手续费收入。由此看来，对于转轨中的我国金融部门来说，把触角伸向这种社会效益和经济效益俱佳的业务领域，开办"支农"信用卡，未尝不是一种有益的尝试。

（发表于《金融时报》1997年1月1日）

民间借贷缘何活跃

具有几千年历史的民间借贷活动现在不仅存在，而且在部分地区还相当活跃，并且呈现出许多新的特点：(1) 面广、量大、增长快。据南方某县调查，参加民间借贷的乡镇居民和信用量约占总户数和信用总量的50%，我省某县的一个镇，就有挂牌营业的私人钱庄二十余家，年投放资金达二三千万。(2) 借贷用途、对象由过去生活消费向生产流通领域转变，由过去一般农户之间单一借贷向农户和非农户、乡镇集体、企业、城乡个人多层次借贷转变。(3) 利率趋高。前几年，一般民间借贷平均利率为月息1.5‰—2.5‰，现在普遍提高，最高达4‰。

民间借贷之所以有生命力，主要有如下原因：(1) 银行信用社不能满足资金需求，特别是急需款时，往往无贷款指标或规模不足，民间借贷却能解燃眉之急。(2) 一般民间借贷的放贷者，在当地有较强经济实力和社会声望，在商品货币关系不发达的我国，人们还不很熟悉运用契约关系确定经济利益，于是良好的人际关系构成民间借贷的市场。(3) 民间借贷手续简单，基本上靠信用放款，且服务及时，态度热情。正是基于这些原因，民间借贷才得以生存，并取得发展。

世界金融业的发展经验表明，即使在那些生产社会化程度很高的国家，实力雄厚的大银行也无法垄断金融领域。随着我国商品经济的发展，民间借贷无疑对银行信用社起到了拾遗补阙的作用，方便了群众，适应了农村商品生产和流通多元化、多层次需求。但是，由于其存贷手续不完备，债权人利益得不到法律保证，且利率过高，一定程度上扰乱了金融秩序，带来了大量负效应。

从当前情况看，可以得出两点结论：一是现阶段禁止民间借贷是不可能的。二是当务之急，应该加强对民间借贷的管理和引导，使之兴利除弊，发挥积极作用。

(发表于《山西日报》1993年3月18日)

三种保险为农民解除后顾之忧

时下,随着农村经济的发展和农民金融意识的增强,涉足保险的农民也越来越多,各种保险已经飞入寻常农家。与城市居民相比,农民们由于受家庭收入、生活习俗、消费观念等方面的限制,投保的目的更多的是为了减除灾祸,生活平安,追求的是内在的实用价值,而不是投资盈利。一般来说,对与自身密切相关的三种保险"情有独钟":

一是农业保险。许多农民认识到参加农业保险对减少自然灾害损失,迅速恢复生产,促进农村经济发展的重要意义。因此,积极踊跃地投保。目前农民参加的农业保险主要集中在种植业保险,如小麦保险、棉田保险、烤烟保险、蔬菜保险、水稻制种保险、养殖业保险,如大牲畜、养鱼保险等。另外,一些地方农民还参加了农机具保险、生产资料保险。

二是住院医疗保险。看病难,成为农民心头之忧,而住院医疗保险则为农民们有效解除了烦恼。这种保险一般的运作过程是:愿意入保险的农民到保险公司申请办理,保险公司审查同意并收取保费后发给保险证。农民有病需住院治疗时,可凭保险证先行入院看病,出院后,由保险公司同医院结算,最后保险公司再向农民追索。目前,住院医疗保险已成为农民们资金投向的新热点。

三是养老保险。"安度晚年"是所有人特别是农民们的期盼与追求。

但能否实现这个梦想，许多农民心中"没数"，顾虑重重：一怕自己岁数大后不能再参加劳动创造收入了，今后生活费从何处来；二怕实行计划生育，孩子少，无人照顾或儿女不孝怎么办？因此，农民们对养老保险更为关注。目前，农民参加的养老保险形式很多，但大体上为保险公司办的人寿保险和民政部门办的农村社会养老保险。人寿保险中多数农民主要选择还本养老保险，即按投保人选定的档次，一次交付养老储金后，除到约定年龄逐月领取保险金外，所缴的本金还可退还保险人或受益人。农村社会养老保险则由个人交费为主，集体补助为辅，按个人账户积累总额确定发放标准。

（发表于《财金贸易》1997年第1期）

银行私人理财：家庭生活的高参

时下，一些商业银行新开办了私人银行业务。对多数老百姓来说，银行私人理财尽管十分陌生，但它毕竟已实实在在地走入了人们的经济生活，并成为居民投资理财不可或缺的参谋和助手。

所谓的私人理财，就是银行凭借其网络、技术和人才优势，为储户提供金融信息和咨询。一般情况下银行的理财专家，根据客户的经济实力和风险承受力，制订合理的理财方案，使储户既能得到银行利息，又能得到投资回报。据了解，从80年代开始，在香港及一些欧美国家都先后开办了私人理财业务。在我国，深圳发展银行捷足先登，率先成立私人理财部，并把储蓄和个人理财紧密结合起来，已经取得良好效益。去年（1997年），储蓄存款净增18.6亿元，信用卡发卡量持续上升。除此而外，广州、上海等一大批沿海和开放城市此项业务也已起步，有的已初具规模。

应该说，是经济的发展和商业银行的竞争给银行私人理财业务的产生提供了肥沃的土壤。近年来，人们手中的余钱不断增多，富裕的人们不再满足于存款拿利息这一单一的生财手段，开始寻找新的增值保值渠道，投资新的金融品种，但面对国债、股票、房地产、基金、保险等投资品种，人们由于缺乏专门的理财知识，常常眼花缭乱，无所适从，有的盲目跟风，还造成了不少损失。有关的调查资料表明，未经理财专家指导的家庭，90%以上都存在着财务问题，随时都可能导致财务危机。于是，人们就呼唤着有一种专门机构为其投资理财出谋划策。作为银行来说，由于同业竞争得非常激烈，各家银行都争相推出新的服务品种，以争取客户，扩大市场份额。这样，为满足人们投资理财的需要，银行的私人理财业务就应运而生。

私人投资理财是解决人们日常生活中问题的一门实用科学，它由经济学、会计学、财务学融合而成。主要是帮客户计划开支、策划投资、规避风险、减少损失，以期获得最佳组合和收益，也就是说，私人理财更多的是合理安排个人财务问题，使之合理化而非利润最大化。

在增强居民投资和技能的同时，私人理财还带给人们一种全新的服务方式。许多银行的理财中心，实行的是开放式服务，工作人员和客户之间没有高高的柜台和铁栏杆，彼此之间都有一种亲切感，能够平等地交流和探讨，彻底改变了过去冷冰冰的形象。对于那些经常跑银行的公司财会人员和个体老板来说，由于业务种类多，数量大，常常不得不等很长时间排队。现在在优雅的接待室里，只需将要办的事交给工作人员，就会有人单独为其办理存取款、转账托收、挂失销户等众多理财业务，使客户在轻松自如中很快办好各类事情。

就银行来说，私人理财一经开办，就成为竞争的热点。由于其市场潜力大，投资少，风险小，见效快，收益大，各家银行纷纷涉足这一新的业务领域，他们抽出经验丰富的业务骨干，投入大量的财力、物力，设置了电脑终端等先进设施，增加了国内外金融信息服务、代扣保险费、企业联合优惠卡、代订报刊等大量的理财品种。无疑，理财业务已成为银行新的效益增长点和竞争的新招牌。

今天，对于每一个生活在现代经济中的人们，不但要懂得如何积累财富，还必须懂得如何使财富保值、增值，而银行私人理财业务则给人们提供了契机。要投资,找银行,相信在不远的将来,这将成为经济生活中又一道亮丽的风景。

(发表于《山西日报》1998年2月8日)

企业债券缘何受冷落

作为企业直接从社会融通资金的方式，企业债券市场一度异常火爆，但因种种原因，目前却风光难再，备受冷落。

长期以来，企业的流资来源主要依靠银行贷款。而银行受规模、资金的限制，并不能完全满足企业的资金需求。随着市场经济的迅猛发展，新的融资渠道不断开拓，企业债券因其筹资费用少、自主性强等原因很快便推行开来。自1986年以来，随着企业发展而带来旺盛的资金需求，企业债券发行量也逐年增长。仅1992年就达200亿元，还不包括一些未经批准而擅自发行的债券。为了吸引购买者，促进发行，一些企业不但在偿还方面信誓旦旦，而且争相以高利率允诺。据了解，1992年一、二、三年期企业债券的平均利率分别高出同档次储蓄存款利率2.52、2.58、4.8个百分点，有些企业内部债券利率甚至高达40%，大大超过了国家的规定。较高的收益率，吊起了人们的胃口，不少投资者在缺乏对发债企业信誉状况及经营前景深入了解的情况下，盲目取出存款，加入债券购买者行列，有些甚至倾囊购买。这样，企业债券门庭若市，购者如云。然而，最终结果却令不少人大失所望。

1995年4月1日，重庆某药厂1993年发行的700万元国光债券到期，但面对络绎不绝的持券者，该厂却空空如也，无钱可兑。据了解，该厂目前负债率已达100%。湖南某电缆厂，1993年发行内部债券1500万元，一年期满后只能偿还1/3的本息，余额延期支付。其实，这种现象时有所闻，并不鲜见。究其原因，有的是因企业亏损或效益不好而无力向债权人支付本金和利息；有的是企业虽然盈利，但还债时扭扭捏捏，能拖则拖，甚至把拖欠债券本息作为一条生财之道。凡此种种，使得企业债券的信誉一落千丈，连一些信誉较高的债券也受到连累。投资者因达不到预期收益，投资热情自然逐渐减退。

客观上说，企业债券的发行无论对社会对居民都大有好处。从目前我国企业债券发行总体情况看，首先它解决了一些确实有发展前途的企业的资金困难，将居民手中结余款转化为对企业投资。其次，引导资金投向交通、能源等国家重点扶持产业上，有利于经济结构调整。同时，也为居民提供了一条投资渠道。事实上，企业债券的发行与兑付总的状况是好的，没有兑付的只是少数企业，在北京等城市根本不存在兑付困难的问题。

那么造成企业债券被冷落的根源何在呢？虽然仁者见仁，智者见智，但归纳起来，不外几种原因：一是企业债券发行有政府选择和额度控制，这本身就使债券发行不是以企业业绩与真正需求为依据，很大程度上以行政部门好恶来决定，具有救济性质。二是因现代企业制度还未能有效地建立起来，一些企业追求短期行为，争相举债，兑付不了时又把它推给政府。三是企业债券利率确定并不是以偿债能力及融资成本为依据，只是为了吸引投资者而随意抬高利率。事实上，目前国有企业的平均资产盈利率完全低于一些债券的利率水平。四是没有形成债券的二级市场，流动性较差。五是由于约束机制不健全，管理跟不上，致使一些企业未经审批，逃避监督，擅自发行债券，从而造成了债券的过度发行，也加大了风险。当然还有另外一个重要原因，就是投资者风险意识还没有真正建立起来，期望值过高，不能获得预期收益时，投资的信心和热情就立即萎缩，不敢进行新的投资。所有这些都是企业债券市场低迷的主因。

但不管怎样说，发行债券仍是企业融资的一个重要渠道，同时也是居民投资的一种较为理想的选择，在社会经济生活中，占有的位置越来越重要。在目前情况下，企业债券要健康发展下去，关键是管理要跟上，要通过行政、法律、经济等综合手段，加强对债券发行的管理，在发行条件、最高额度、使用方式、利率水平、处罚原则等方面进行必要的界定，切实将债券发行纳入法治化轨道。而对投资者来说，则要强化风险意识，有勇气，又要保持清醒的头脑，从而在众多的企业债券中做出准确合理的选择。

(发表于《厂长经理日报》1995年12月5日)

企业债券能否再热起来

1995年岁末。在不到十天的时间里，铁路、电力和石化三种企业债券相继登场亮相，公开发行，总额达56.8亿元。这是继1992年以来，我国第二次大规模发行企业债券。据有关部门透露，1996年将是一个"企业债券年"，估计发行总额将达到210亿元。那么，这些企业债券能否走出前两年曾因兑付差而一度低迷的阴影，重新受到投资者的青睐呢？如何正确看待这次发行的企业债券的市场前景呢？

看一种投资品能否受到投资者欢迎，影响因素固然有多方面，但最终还应归结到安全性及收益率上。对此，我们有必要做一分析：

从安全性看，这三种企业债券的发债主体分别是铁道部、华北电力集团电力公司以及茂名、辽阳、天津等三家石化企业，1994年总资产分别是4284亿元、329亿元，三家石化公司仅茂名、辽阳两家，1994年销售收入就达131亿元。可以说，都有雄厚的经济实力；从经营业绩看，华北电力公司和石化公司在国家公布的1995年中国500家最大工业企业中分别排名33位和88位；从债券级别看，承担这次债券评级的中国诚信证券评估公司，根据债券发行主体所发特定债券如约还本付息能力和可信任程度综合评估，结果是铁路建设债券为AAA，为企业债券最高级别，电力债券为AA，石化债券为AA-，级别也很高；从担保人情况看，分别是中国铁路建设基金、中国石化总公司、北京大唐发电股份有限公司，都属于规模大效益好的企业，完全有能力承担担保责任。因而，债券的兑付安全性相当高。

从收益性看，三种债券发行利率均为15%，三年期，不保值。单从年利率上看，既高于三年期存款年利率12.24%2.76个百分点，也高于去年（1995年）发行的三年期国库券14%（保值）和14.5%（不保值）的年利率。这样，最终收益率哪个更高，只能看存款利率和保值贴补率的变化。从存款利率看，由于一方面近几个月西方美德日等发达国家接连下调利率，另一方面，连续一二年全国居民储蓄大幅度增长，现行的高利率给经济发展造成的压力很大。因此，专家预测法定存款利率年内将做适度调低；从保值情况看，1995年通货膨胀率为15%，1996年国家控胀率为10%，那么1997年或债券到期时保值贴补率较低，甚至被取消可能性较大。果真是这样的话，这种企业债券的收益就有可能高于银行储蓄及国库券收益。

其实，应该说吸引投资者的还远不止这些：（1）企业债券作为一种融资手段，由于其灵活性、直接性等优势，已引起越来越多企业重视，并被广泛采用；（2）企业债券的发行指导思想有了改进。过去发行债券首先强调投向面选择重点项目，现在首先考虑的是偿付能力。在资金投向上主要选择国家支持的重点行业、重点领域中一二年内可以完工的后续工程，而不是那些需"救济"的企业。（3）政府管理和配套法规趋于完善。首先，发债企业经国家计委和人总行严格审查后才能发债，担保和信用评级工作进一步完善。一旦发债单位到期不能偿还，担保方能够负起连带责任。另外，在资金使用方面，管理部门也加强了监督，以保证不转移用途。（4）随着居民金融意识不断增强，公众对投资品种学会了选择，而从1996年投资机会看，存款国库券收益不会太大，股票正处于低位，因而企业债券就成为多数人的首选品种。（5）企业债券流动性大大增加，债券二级市场初步建立。这三种债券发行一结束，就可以到指定的证券交易机构进行转让，并承诺到上海证券交易所上市流通，同时，还可用作抵押。

尽管企业债券曾经出现过低潮，但基于以上多种因素分析，我们有理由相信企业债券的市场前景仍然十分广阔。对投资者来说，固然需要风险意识，但又不能一朝被蛇咬，十年怕井绳。正确的态度是保持清醒头脑，结合自身实力，选择理想的企业债券种类，或许机遇将给您以丰厚的回报。

（发表于《经济信息报》1996年2月19日）

企业资金紧张原因透视

一段时间以来，不少企业面临着资金紧缺，周转不灵的困扰，要求增加贷款的呼声此起彼落。与此同时，银行贷款并未紧缩，而是适度增长。那么，造成企业流资吃紧的症结何在呢？政府着急，企业抱怨，银行叫屈，是耶，非耶，各执一词，众说纷纭。

透视之一：物价上涨，导致生产成本提高，吞吃了企业一块流动资金。

由于宏观经济种种深层次矛盾，引发了去年（1993年）持续至今的通货膨胀，据统计从1993年7月开始物价上涨幅度已连续12个月高于同期经济增长率和银行贷款利率，1994年上半年全国社会零售物价指数高达19%。物价的长时期上涨，吞吃了企业大量流动资金。以北京棉织厂为例，购买棉花价格由1993年9000元/吨，增加到今年的17000元/吨，全年增加成本3000万元。

透视之二：卷土重来的债务拖欠，使企业周转不畅，成为目前流资紧张的重要原因。

近几年，由于银行结算纪律松弛、基建投资缺口大、企业信用降低等原因，使得清算环节不畅越来越严重，占用了企业相当比例的流资。1993年三角债又进入了高峰期，有资料表明，在工行开户企业中，仅

1994年一季度应收账款就比年初增加400多亿元。

透视之三：企业产成品占用过多，以及亏损严重也加剧了资金紧张程度。

企业生产结构不合理，造成了产成品的大量积压。据统计1994年一季度全国工业产品产销率为91.5%，比1993年同期下降了1.52个百分点，由于产销率下降，使得第一、第二季度预算内国有工业企业产成品资金占用比去年（1993年）同期增加了11.8%。另外企业亏损面扩大，1994年一季度亏损额新增79.7亿元，再加上潜亏，均加剧了资金紧张程度。

透视之四：固定资产在建规模过大，资金不落实，挤占挪用了企业相当多的流资。

许多企业一边喊叫流资紧张，一边又抽走大量流动资金去搞第三产业，热衷于盖楼修馆，过多地上项目，铺摊子，加大了流动资金的缺口，特别是由于财会制度的改革，使企业资金使用权扩大，各种资金可以混用，银行对流资管理难度增大，造成流动资金直接或间接流到固定资产领域。据了解，1992年至1993年建成投产项目，缺少铺底流资670亿，只好挤占企业流资。

透视之五：工业企业补充自由流动资金约束机制未健全，造成流资欠债太多。

虽然说国家对新建企业的自有流资增补比例都有明确规定，但执行起来却是另一回事。从目前情况看，许多新建企业没有铺底流资，经营过程中盈利也不愿意补充，亏损就更谈不上。这样，企业高负债经营，信贷资金一紧缩，企业就抱怨。从全国来看，企业自有流资占全部流资比例由1984年的25%，下降到目前的7%，远远低于应达30%的目标。

透视之六：财税改革、财政困难反过来造成财政挤银行现象。

1994年元月起新的税法开始实施，但企业效益并未跟着增加。这样，使得一些企业的部分流动资金贷款以税收形式流向了财政，一方面财政困难，给银行信贷资金带来了很大压力；另一方面，银行长期替财政垫资，也减弱了对企业的流资贷款能力。

凡此种种，使得企业流动资金多渠道渗出，加大企业的经营困难，影响到企业的正常生产。追本溯源，它是宏观经济运行中深层次矛盾的综合反映，只有通过配套改革才能治本。

（发表于《深圳商报》1994年12月25日）

思想火花

对存款发展中几个问题的思考

专业银行向商业化经营转轨,给存款的组织和发展也带来了新的机遇和挑战。本文拟就存款发展中几个问题作一粗浅探讨。

一、关于总量增长

存款是银行的立行之本。但仍有一些人对存款总量增长的重要性认识不够:一是认为当前存款增长势头良好,不需要再花大的气力,靠自然增长就行;二是认为存款总量增长太多,未必是好事,组织存款的重心应放在结构调整上。

这两种认识无疑都是片面的。从全国范围来看,存款增长的势头确实很猛,但是这并不表明,银行组织存款、增加总量的步伐就可以停下来,使之顺其自然。这是因为:第一,从宏观经济角度上讲,我国储蓄存款绝对额近年来增长较快,但与日本等发达国家相比,人均储蓄率还相差甚远,相比之下,处于经济高速发展、资金严重短缺的我国,没有任何理由不鼓励居民参加储蓄,这是其一。我国银行承担聚集居民闲散资金和企事业单位间歇资金转化为投资资金的任务。如果组织的存款较多,对稳定物价、减轻市场消费压力、缓解供求矛盾、支持经济发展贡献就越大,这是其二。第二,随着市场经济的发展,组织存款的竞争将日益加剧,难度也越来越大。一方面,银行和非银行金融机构不断推出,外资银行也不断加盟,多家分羹,抢夺存款已成定局;另一方面,全国储蓄存款总量虽然增加不少,但由于服务手段、经营观念、机构网点的差异,存款增量分布不平衡,对存款工作稍一疏忽,市场占有率就会立即下降,最终将被逐出存款市场。第三,存款分流将呈新的走势。储蓄存款之所以现在增加这么多,与投资渠道狭窄,金融投资品种少不无关系,从某一角度讲,这只是金融市场不发达的标志。随着居民金融意识的增强,二级市场的发展,企业债券、国库券、股票的投资必然多元化,再加上住房、医疗、社会保险事业步入正轨,必将有相当多的存款渗出。第四,金融体制改革和支持经济发展需要大量资金作后盾。以农行为例,在大量的资金来源中,信用社转存款、准备金占很大份额,随着农村信用合作银行的成立,转存款、准备金都得逐步退出,农行资金紧缺的状况只会越来越严重,支持经济建设也越来越乏力。如上所述,单靠存款自然增长,不想花大的气力,那么,存款总量增长不会太多,即使上去了也不会维持长久。

那么,是不是存款越多越亏呢?很有必要做辩证分析。之所以说存款多亏本,多数人主要基于以下考虑:一是存款成本高。现在存款来源主要是储蓄存款,其中高成本的定期存款比较多,加上手续费支付,加权平均利率几乎接近贷款利率,存贷利差太小;二是现在虽然实行商业化经营,但宏观调控任务仍很重,准备金、备付金、二级准备金、购买债券、特种存款等占用了大量资金,新增加的存款中,可用于放贷款的并不多。三是存款闲置时有发生,现在信贷计划仍实行限额控制,有资金没规模不行;即使有资金、有规模,银行找不到安全性高的承贷主体,也不会放贷。总之,一句话,存款多了,影响银行经营效益。客观地说,存款增多,利息支出就相应地加大,但并不能由此得出存款多亏本的结论。这是因为:第一,存款尤其是储蓄存款是银行最稳定、最可靠的且是数额最大的资金来源，它的多少直接决定着银行营运资金自给能力；第二，定期存款虽然成本较高，但银行高收益的中长期贷款，需要有长期稳定的存款做保证；第三，原始存款可以通过贷款创造出低利率的派生存款；第四，存款业务是银行扩大业务经营的基础条件，银行的主营业务是存、贷、汇，如果没有相当多的存款，也就没有贷款和汇款；第五，一些银行之所以亏损，与存款总量小，贷款达不到规模不无关系。综上所述，存款是银行经济效益的基础源泉，是商业银行利润最大化主要承担者。我们没有理由不增加存款总量，"把蛋糕做大"。

二、关于结构调整

如果说存款是立行之本的话，那么调整存款结构，降低资金成本则是效益兴行的重要途径。商业银行追求利润最大化，除了靠资产增收外，就是靠降低资金成本。特别是目前，企业经营困难，利息清收艰难，创收渠道不畅，调整存款结构对银行提高效益具有重要意义。我们说，银行经营的是货币这种特殊商品，降低成本形象地说就是要购进较便宜的"货"，这样才能赚取更大的利润。据初步测算，在现行利率下，一元活期存款上存中国人民银行（以下简称"人行"）是定期存款上存人行收益的四倍，发放贷款活期则是定期收益的八倍。因此，从某种意义上讲，看一个银行能不能盈利，只要看一下存款结构就可以了。

当前各银行存款结构不尽合理。突出表现为低成本资金，即低于平均付息率的对公存款和活期储蓄存款市场占有率低。当然，这里既有普遍性又有特殊性。所谓普遍性，是指各行都程度不同地存在着低成本资金比例低的问题；所谓特殊性，是指低成本资金分布不平衡：一是地域间分布不平衡，二是行际间分布不平衡。总之，存款总量中高成本资金居高不下，加重了银行负担，给效益提高带来了一定难度。

那么，存款结构如何调整呢？从现象上看，银行似乎只能被动适应，因为就企业存款来说，随着行际间业务交叉融通，企业有选择开户行的权力，除特殊规定外，不一定非要固定到某一行开户；同样，在业务经营中资金总是处于一个流动状态，企业也要从自身效益出发组织生产，不可能多在账户上留存。对居民储蓄存款来说，一方面存款自愿，取款自由，存定期还是活期你不能强行干涉。再从外部环境考虑，各银行的竞争在宏观调控以及政策等因素影响下，并不在统一起跑线上，由于存在不同所有制，不同资金组织方式和政策，产生了不公平竞争。如交行作为股份制商业银行，既可借助地方股份带来的种种优势，又可在政策上享有优惠，即可办理农行等不能办理的通知存款，又可以大张旗鼓宣传多头开立基本结算户，中国邮政储蓄银行长期存款可享受人行较高上存利率，并按季结算复息。客观上讲，这些都给国有商业银行存款结构调整带来了一些难度。

但银行对存款结构调整并非无能为力。当前，可以通过各种行之有效的政策手段和实际操作来间接地调整。具体说，应坚持以下几条原则：一是把存款结构与贷款结构对应起来；二是把存款增量调整和存量转化结合起来；三是把改善服务与加强管理结合起来；四是把提高传统业务质量与拓宽新的业务结合起来；五是完善经营与科技应用结合起来。这样，才能变被动为主动，取得事半功倍的效果。

那么存款结构调整是否可以无限度进行呢？我们说低成本资金组织得越多越好，这样，对银行增盈就更有好处。但并不是没有一定限度。第一，传统的产业结构、消费方式和区域经济特征决定了存款结构调整是有限度的，需要一个渐进过程。第二，如果全是活期存款的话，对银行自身业务发展也不利，因为虽然活期存款中有相当一部分比较稳定。但长期性资产业务需要长期性负债与之对应，特别是目前由于企业资金困难，贷款周转期拉长，短贷都变成了中贷、长贷，短负债过多的话，就有可能导致资金周转困难,扩大资金缺口。第三,从我国银行担负的使命看,调整存款结构也要适度,要把考虑社会效益与自身效益结合起来,要以最大限度地筹集可靠资金,满足生产发展与商品流通需要为己任。至于存款结构调整的具体比重,应该与银行资产经营,与当地经济发展中资金需求结合起来考虑。

三、关于经营方式

所谓的存款经营,主要是指与商业化经营相适应的存款的组织形式和手段。众所周知,相当一段时间里,甚至到目前为止,多数银行走的仍是粗放经营之路,即靠生产要素的外延型扩大来增加产出。从人员上看,组织存款的专职队伍不断膨胀,银行干部不够就从社会上"招兵买马";从网点上看,一味强调点多面广,遍地撒网,准确地说现在能设点的地方基本上都被各行储蓄所占了;从吸储手段看,多年一贯制,服务功能单一,储种少,缺乏创新。这样的后果是,虽然存款的总量有了增加,但效益却越来越差,按人均计算,无论存款拥有量,还是存款增加率都达不到规模效益的要求,投入与产出并不成正比。

其实,在存款经营中还涉及到保本点问题,也就是只有当一个储蓄所吸收到一定数量的存款时,假定把存款全部贷出去获得的收益,能够补偿房屋租金、办公费用及人员工资,这时候的存款余额就是维持储蓄所生存的最起码的数额要求。如果按这个标准来衡量,那么,各行的一大批储蓄所都将被淘汰。据粗略测算,农行每个乡镇储蓄人员,月均储蓄余额只有保持在80万元以上,才能维持个人所得的基本生活费用开支。假定一个储蓄所有六个人,那么最低每月必须保持480万,但纵观全国农行系统,建所数年,余额在400万元以下的应该说不在少数。

那么,存款经营的出路何在呢?实践证明,只能走集约化经营的道路。所谓集约化，本来是指在一定的土地上投入较多的生产资料和劳动，进行精耕细作的经营方式，其核心是提高单位面积的产量，从而增加总产量。从存款经营的角度讲，就是指在一定的业务范围内，利用较多投入，采用先进技术，最佳人员配备，实现最好的存款收入，以达到增加整个银行存款总量的经营方式。目前，对信贷的集约经营已在许多银行普遍推行开来并取得初步成效，但对存款组织中集约化运用还处在起步阶段。之所以说，集约化经营是存款发展的最根本途径，主要由经济发展规律所决定：第一，经过多年的发展，各银行的机构网点、人员已初具规模，同业间市场资源的初步瓜分也基本定型，很难找到一块存款的"处女地"可供开发，加上物价上涨，人员费用越来越高，这样，再在增所增员上下功夫已无必要；第二，广大储户随着市场经济发展，金融意识不断增强，不仅不会找不到需要服务的金融机构，而且还学会选择，储户感兴趣的不是哪家银行机构人员多，而是哪家银行服务项目多、质量好，集约化经营正是满足了储户的这一需求；第三，科学技术、人员素质、管理水平的提高，为存款集约化经营提供了物质条件和客观可能性；第四，如果存款发展再继续粗放经营，那么资产的收益也将会被蚕食殆尽，银行整体效益就根本无从谈起。

当然，存款的经营方式转变也有一个过程，集约经营只是相对于粗放经营而言的，具有明显的相对性。面对当前存款环境的复杂性和艰巨性，不可能一蹴而就。同时，作为一种经营形式，还应该有一整套系统科学的组织管理秩序和操作技术规范。当前，银行存款集约化经营应重点在以下几个方面下功夫：第一，经营决策要科学。第二，网点设置要优化。第三，队伍建设要加强。第四，激励机制要完善。第五，竞争手段要先进。

（发表于《财金贸易》1996年第7期）

对农行新业务发展策略的探讨

一、农行新业务发展策略的内涵界定

中国农业银行(以下简称"农行")新业务一般说来是指除资产负债、中间业务以外的业务。这只是比较狭义的概念。作为长期生活在计划经济环境下的农业银行,由于思想束缚较多,业务种类单一,即使一些本属于传统资产负债内容的业务也并未很好开展,所以农行新业务准确地讲,应该是指就某一行来说,还没有开办的业务。从内容上讲,既包括传统业务延伸部分,又包括创新业务;既有表内业务,又有表外业务;同时,既有本币业务,又有外币业务。

发展策略是指商业银行为实现某种经营目标而采取的与之配套的方法、手段和措施,能够对其经营活动进行有效控制和督导。农行新业务发展就是立足农行经营实际,借鉴国内外商业银行成功的经验,选择出自己的发展原则和应采取的目标、措施、步骤。

二、农行新业务发展策略构想

(一)全面启动。全国农行系统无论经验基础如何,都要把发展新业务作为培育效益增长点的重要途径，作为农业银行向现代化商业银行转变的一个战略来对待，从自己实际出发，迅速制定规划，加紧学习、研究、消化，很快把新业务的基本架构搭起来。不能等待观望，坐而论道。

（二）层次推进。包含两方面的意思：一是根据新业务发展所需条件，将新业务分成不同的层次，视各行经验基础、业务条件，有计划、有步骤地进行试验推广。当前应该分成四个层次：1.应该马上开办的业务，像代收代付业务、信用卡业务。2.电脑联网后应立即开办的业务，像电话银行、信息咨询、电子汇兑。3.应提倡发展的新业务，如保管箱、票据承兑贴现业务。4.应积极研究探索的新业务，如离岸业务。二是根据农行不同区域发展水平的差异，分类实施新业务发展策略。欠发达地区重点是巩固发展传统业务，打好基础，当其有了一定的基础和规模后，然后本着先易后难，循序渐进原则延伸扩大业务范围；沿海发达地区农行则要抢占制高点，与国际接轨，高起点、有规模、上档次，即机构高起步、业务揽大户，操作现代化，宣传上一流，直接开办一些像本外币一体化经营、离岸业务、智通卡、个人支票等业务。

（三）重点突破。就是指总分行总体部署确定后，以传统业务为依托，以农行平均发展水平为参照，选择有潜力、覆盖宽、影响大、见效快的几个重点项目，组织联合攻关，重点分析研究，形成一套比较成熟的管理办法、操作规则，先确定一批重点行试验示范，然后在全国推广应用，这样能够使一些行迅速地增加收入，增强发展新业务的信心，同时，又避免发展中的盲目性，少走弯路。

（四）效益优先。就是指在新业务发展和开拓全过程中，各个环节都要把效益放在第一位。这里的效益既包含盈利这种微观经济效益，又包括社会宏观经济效益。效益优先首先要求在新业务品种决策上推广应用现代管理方法，建立数学模型，以定量分析取代定性分析，从而定位准确。在新业务经营方式上，改变过去粗放经营模式，向集约化转变，把注意力放在采用科学技术，提高管理水平上，力争以最小的投入获得最大的产出。效益优先还指在目前财力不强，且不可能面面俱到的情况下，要考虑机会成本问题，尽可能选择营利性大的业务项目。

三、构造新的运行机制，保证新业务发展策略有效实施

（一）构筑新业务管理体制。商业化的农业银行是一个法人，一个实体，而不是几千个核算单位组成的简单联合体。为适应新业务发展的需要，农业银行必须建立经营管理和决策统一化整体化的机制，增强新业务开发的一致性和协调性。也就是说首先要在内部机制、机构设置上健全和加强，实行集中归口管理。首先，总行设立新业务发展指导委员会，由一名副行长专管，吸收资金组织、信贷计划、电脑等部门负责人参加，主要任务是对整个农行系统的新业务制定发展战略，提出长期规划，进行部门协调、组织、督导。指导委员会下设三个部，即新业务发展市场部、规划部、应用部，原有的国际业务部、代理部、信用卡部按相关职能与之合并。市场部主要任务是在市场动态变化的环境中，了解消费需求，不断地发现新的市场机会，不断地设计、开发新的业务种类；规划部，就是根据消费者所处的地理位置、自然环境等对新业务市场进行细分，然后实行差异性营销策略，制定操作规划、保障体系、考核办法、基本制度等；应用部，就是具体组织、协调、落实、检查。其次，分行中支设立新业务发展处（科），下设两个组，一是开发组，主要是对总行的实施方案结合实际地进行细化、量化、目标化。二是辅导组，就是巡回辅导、组织培训、阶段考核、信息咨询等。最后，所有门市业务全部由各级行营业部设立专柜办理，以营业部为龙头，向其他机构逐步辐射。

（二）构筑快速灵活、科学高效的决策和运行秩序。市场经济竞争激烈，市场情况瞬息万变，就银行新业务开发来讲，也同样如此。一方面许多业务种类时效性强，从设计到上市，时间间隔不能太长；另一方面，今日同业竞争迅猛异常，不能先发制人，打争夺战，就不能挤进新业务市场。所以必须构筑快速灵活、科学高效的决策秩序。主要从几方面入手：

第一，充分发挥总分行引导职能。总行新业务指导委员会应组织经常性的交流参观，并立即创办新业务发展快报，不定期发布全辖新业务开发动态、新业务知识、其他行的经验和做法，为各级农行提供决策参考，便于他们捕捉最新市场信息，减少开发盲目性，发挥"后发优势"；同时，总分行要转变职能，服务基层，对于一些具有全行意义的新业务，像工商管理费、养路费收付等，由总分行牵头，与中央部委、厅局直接联系，进行系统公关、协调，并制订出具体实施办法，这样，有利于新业务在全辖迅速推开。

第二，合理划分决策的权限。对农行自身经营影响大，且投资多、覆盖宽的重要业务品种，必须经总行同意才能开发施行。地区性、单一的业务种类应鼓励、允许基层行积极探索。核心是要扩大省分行新业务管理权，即对新业务品种有相机决策权，对财务分配，在遵守财会制度前提下，有活动空间；对机构设置和用工，允许他们根据业务量大小配备人员和机构。

第三，提高决策的效率。首先，总分行新业务发展部门要层层建立责任制，定岗定责定人，就某一新业务开发来说，从调查、规划到面市，要严格按照确定的进度和目标考核，与本人经济利益挂钩。其次，狠抓市场营销。生产的东西卖不出去，实际是资源的浪费，因此，在新业务开发中也必须狠抓营销。各级行要充分利用新闻媒体、现场讲解、上门促销等方式，迅速将新业务推到主要客户群体中。鉴于目前新业务上市推销力度不强，市场占有不够的情况，笔者以为完全应该把宣传新业务放在同宣传存款等同的位置，要根据业务品种特性、市场容量、客户群体采取适当的组合促销方式，形成铺天盖地之势，创造出良好的外部环境。其次，对于各级行申报的新业务发展计划，上一级主管部门必须在半个月内予以批复，凡拖延时间，贻误战机，造成重大损失的要追究主管人员责任。

第四，提高决策的准确度。当前关键是要强化电子化建设，重视信息在决策中的应用。一要疏通信息采集渠道，实行新业务资料旬报制，建立一个自身信息库。二是建立专用信息网。按地区、业务品种统计分析，自上而下，实现资料共享。三是采用最先进的分析技术。这些应该是快速决策必不可少的支持系统。

（三）建立健全新业务发展激励机制。如前所述，新业务发展对农行自身的生存具有重要意义，而目前尚属起步阶段，面临的困难很多，一些地方认识还不统一，积极性还不高，必须迅速建立一整套激励机制，从而把发展新业务变成各级行和全体员工的自觉行为，激发他们全身心地投入到金融创新中。第一，把新业务发展切实纳入各级行经营目标责任制，建立一个比较科学的指标体系，现在起步阶段，主要是考核新业务收益率，以后指标再细化，加上人均创利率、市场占有率等指标，在等级行评定、分（支）行长业绩评价时作为重要参照。第二，实行优惠倾斜政策。毋庸讳言，就全国农行系统而言，费用、人才、资金等都比较紧缺，为了更长远的发展，必须牺牲一部分的利益，集中精力，收拢五指，实行必要的倾斜：对新业务发展铺底所需的费用优先满足，并与收益率挂钩，收益率达到一定比例，可奖励一部分费用，并扩大利润留成比例。在人员配置上，允许在全辖范围内挑选，将业务精、懂管理、富有开拓创新精神的人才选配到新业务部门来。总分行今后在制定选人计划时也应优先考虑专门人才。同时，要建立专项基金，用于农行，尤其是基础薄弱的欠发达地区农行新业务电子化建设，以及所需其他设施的配备。第三，在新业务部门内部加大分配、用人等制度的改革力度，扩大负责人权力。在班子配备上，负责人可以自行组阁；在用人上，全部实行聘任制，业绩不佳的可以辞退；在工资福利分配上，严格与工效挂钩，不搞大锅饭；对在业务创新、拓展中做出重大贡献的职工予以重奖。

（四）完善新业务发展的系统监控和风险防范。应该说新业务的发展给农业银行带来了生机和活力，但也伴随着各类风险的增加，影响并威胁着农业银行乃至整个金融业的稳健经营。因此，要保证新业务健康发展，必须增强风险意识，强化风险管理。当前应从几方面入手：（1）依照《商业银行法》《票据法》《担保法》《贷款通则》等法律对现有的新业务进行规范管理。总行新业务发展规划部应迅速出台各项新业务管理办法、操作规划，从制度上和技术上减少并堵塞漏洞。（2）采取必要的措施转移、弱化、控制风险。一是建立衡量风险的指标，制定风险系数，强化对风险的预警监控。二是加强对客户的调查评估，规范各种担保、承诺、信用证。三是制定保护性措施，比如建立和完善风险补偿基金，外汇交易中实行期货保值等。四是追求业务多元化，实行分散化经营。（3）完善监督保障机制。在内部，以新业务部门自身监督为基础，以稽核监察部门再监督为重点，提高稽核人员素质，加强经常性稽核，同时实现稽核手段现代化。还需说明的是，仅靠农行内部自律远远不够，还必须加强对新业务的外部监管，对农业银行来讲，就是要自觉服从并配合人民银行监管，定期向人民银行汇报业务开展情况，及时报送有关统计报表，从而避免无须竞争，杜绝违规经营。

（中国农业银行《农村金融研究》1997年第5期）

对农业银行支持中小客户发展的思考

一、支持中小客户发展是农业银行的重要选择

客观地分析中小客户的现状,认真审视农业银行自身的发展,我们认为农业银行必须把支持中小客户发展作为其重要的经营内容,这既是现实的需要,又是长远发展的一个不能回避的选择。之所以如此:

(一)信贷过分集中存在很大风险。近年来,农业银行为改变客户结构低、小、散的状况,提出了信贷双优战略,把信贷支持的重点放在系统性、行业性大客户及基础设施、个人住房、汽车消费上。以山西农行为例,2002年9月底,当年新增的18.64亿元贷款中,省电力公司6.17亿元,太祁高速公路7亿元,五台山旅游公路1.2亿元,占增量的80%。这样,减少了管理成本,培育了一批优良客户,也有利于防范信贷风险。但信贷投放过度集中的风险也不容忽视:(1)在交通、电力、电信及上市公司自身经营中存在着收益、体制改革和政策性风险。以上市公司为例,上市公司通过发行股票在资本市场上募集到大量资金,商业银行又作为上市公司信贷投向上的重点,而目前上市公司整体不振,何以能够归还贷款。(2)就一个地区来讲,优良客户资源毕竟有限,各

家商业银行同时追逐一个客户，共同来垒大户，资金风险明显加大。（3）许多大客户在规模做大后，牵着银行鼻子走，不断铺摊子，上项目，倒逼银行贷款；不贷客户马上撤户走人，以前贷款也成沉淀；贷则银行对项目又吃不透，拿不准，稀里糊涂又增了规模。（4）相当多的优良客户，一般都发放的是中长期贷款，连续一两年都能结清利息，但本金能否顺利回笼，谁也没底，隐藏的经营风险相当大。（5）对大客户的贷款检查流于形式。所在地银行监管不了，上一级又无暇管理，资金使用透明度不高。而与此同时，中小客户却得不到相应的信贷扶持，望贷兴叹。所有这些必须有新的后备客户跟进，都需要农业银行调整信贷结构，分散信贷风险。

（二）农行自身经营需要广泛的社会后备资源。农业银行与其他商业银行竞争，最主要是优良客户群体的竞争。这些优良客户群体并不仅指几个大的客户，也不仅指几个已经成熟的而又被多家银行追逐的客户。需要提出的是大的客户是农业银行创效益的关键。但对大客户来讲，存在成熟期和衰退期，越是成熟越是接近衰落。我们设想的比较合理的信贷客户层次是金字塔形的，即最下面是安全性比较高、覆盖面比较宽的存单质押、小额信贷客户，中间是强壮的中小客户，最上层是大的优良客户。这样才能将根深植于社会民众之中，产生对农业银行较大的认同感，这样基础夯实了，生存问题就解决了。最根本的是解决了农业银行优良客户资源不足的问题。因为小客户中间必定能够成长出一批大客户，大客户也是从小客户发展而来的。浙江的万向集团、山西的海鑫集团原来都是小作坊，这样的例子不胜枚举。除此而外，小而强的客户，也是好客户，它能够发挥"蚂蚁雄兵"作用，能够一点一滴地搬掉我们的不良资产和亏损的大山。

（三）农业银行有支持中小客户发展的经验和条件。首先，农业银行的优势在于机构多、网点多、分布广，在小额贷款的发放、管理中有便利条件，在中小客户集中的地区和县城一级具有其他商行所没有的优势。其次，农行多年来传统客户主要是中小客户，多数信贷人员都有管理和服务的经验。最后，农业银行所处的区域决定了与中小客户有天然的感情。从更广泛的意义看，以客户为中心，全方位满足客户的需要是农行追求的目标，但面对信用度相对较高、经营效益较好的中小客户，我们却拱手相让，这实在是一种客户资源的巨大浪费。这样，农行也失去了为他们提供支付、结算、银行卡、综合理财等一系列服务机会，使我行金融创新的空间减少，创利的回旋余地变小。这和当前我们倡导的把农业银行建成最大的零售银行思路也不适应。

二、积极探索，切实解决好中小客户贷款难问题

（一）选择支持的重点。中小客户成千上万，在信贷资源有限的情况下，不可能面面俱到。最重要的是要善于从众多的中小客户中选"优"选"强"，挖掘出成长性好、有发展前途的客户加以支持和培养，使之成为农行稳定的客户。当前选择的重点是：（1）高科技或农副产品加工龙头带动型企业。他们的要求是经营有一定规模，产品有市场，效益较好，企业自有资金比较高，经营者有一定文化，且无不良信用记录。（2）比较专业的大型商贸市场。如山西运城市以布匹批发为主的河东市场，新绛以经营小百货为主的汾河湾市场，禹都摩托车批发市场等。这些市场一般集中在经济活跃的乡镇或城区繁华地带，相当多的业务涉及全省或一个大的区域，支撑这些专业市场、决定这些市场命运的是私营企业。他们中间有一大批已经取得了经济上的成功。（3）有较强经济实力的个体工商户。这些一般以家庭或个人为单位，产权明晰，债务单一，从事的领域主要有车辆、运输、餐饮、小型修理、商贸流通。（4）所在地的白领阶层。主要是学校的教授或社会贤达人士。他们普遍

收入高、信誉好，对金融服务需求旺盛。

（二）解决好中小客户贷款中最大阻碍——担保抵押难问题。我们经过认真考察，确定了中小客户重点支持对象后，如果对方不能满足银行抵押担保要求，融资仍不能实现。许多时候我们明知道一个客户经营良好，但就是爱莫能助。这既限制了中小客户发展，又使农业银行丧失了市场机会。事实上，一个大客户经营状况一般，但只要担保、抵押手续合规，成千上万的资金也可投放。但一个中小客户即使经营再好，无担保抵押也不能放一分钱。这实际上违反了信贷管理的初衷。为了有效地防范信贷风险，农业银行出台了信贷新规则，要求对每笔贷款原则上都要设定抵押、担保。这成为中小客户必须逾越的鸿沟。基于此，我们设想在不违反信贷管理新规则的前提下，根据目前情况，中小客户可以采用的有效担保方式是：

（1）三户或五户联保。这种方式主要是针对城镇个体工商户或农村专业户。由经营良好或有经济实力的客户共同担保，承担连带责任。贷款期限一般在一年以内，额度不超过10万元。通过现有的实践看，这种担保方式简便，手续简单，而且贷款的安全系数比较高。但它的前提就是对担保户的经济能力和个人信用度进行测评。

（2）房产和门店抵押。这种方式主要是针对专业市场内个体工商户。这些个体工商户在市场内或有属自己债权的房产或者租用市场统一的门店，这些房产或门店可以会同市场管委会及工商管理部门共同评估其价值。当客户需要贷款时，可用其房产证或门店租赁合同抵押到就近农行，然后按其评估价值80%以内发放贷款，且只要在这个限额内可随来随办，无须再进行考察评估。如果到期不能归还，银行可通过市场管理部门将房产或门店另行出租（售），归还贷款。尽管专业市场内的个体工商户流动性较强，但实践证明，只要控制了其门店使用权，基本上不存在风险。如果用市场外的房产抵押，必须在住宅之外且易变现的房产。

（3）存贷款挂钩。这是温州农行推行的办法。主要是针对业务频繁的中小客户。对其存款积数达到300万元以上的存款户，如遇资金困难，可就近申请贷款，额度一般是存款积数的1∶1。

（4）保证或资产担保。这主要针对白领阶层。对于我们确定的支持对象，可让其用自有资产抵押，或者同一层次另一白领保证。关键是根据他们的年收入确定一定比例的贷款额。这样的话，风险相对小，因为白领阶层普遍收入高、信用好、爱面子。从长远讲，还可以培养一批中产阶层。而在银行客户中中产阶层的多少是衡量一个银行客户稳定程度的最主要指标。

（5）担保基金担保。这主要针对中小企业。据调查，向银行申请贷款而未获批准的中小企业，75%的原因是缺乏有效抵押或担保。这些中小企业涉及农业产业化、高新技术产业、工业园区和房地产等，贷款需求额度相对大。目前一种办法是由政府出面，乡镇、县或地区财政出资建立财政性担保基金。另一种办法是相关联企业自发地共同出资设立担保基金，只为出资企业服务。从现实的情况看，这两种基金都仍处于探索和不完全阶段，亟须法律保证。同时，更为重要的是要做好与银行衔接，确保能够达到信贷管理制度的要求。

三、创新机制，为中小客户发展提供保证

（一）成立中小客户信贷管理部门。目前，为了加大市场营销力度，农行内部都设立了客户部，即公司部、机构部、个人部、农贷部。公司部主要面对法人类客户，机构部主要开发事业单位、学校一类客户，个人部集中搞汽车、住房消费，农贷部主要搞扶贫和农业综合开发。基于目前现状，建议设一个中小客户部，专门从事中小客户的开发、管理。因为中小客户涉及面广，而且在市场定位、项目评价、贷后

管理中都比较复杂，这样做有利于对中小客户市场的调研、新产品的开发研究，能够贴近中小客户去服务。

（二）加快信贷管理改革。首先，要转变客户营销理念，制定"抓大不放小"的信贷策略，把经营的触角伸向千家万户。要细分市场，把农村中的运输户、商品购销户、种养殖户等形成规模和气候的户，专业市场中的个体工商户，中小型企业中有市场、有效益、有信用的户全面过筛，逐村逐片确定重点支持对象，排出支持的序列。其次，要开发研究制定中小客户的信用评定标准。目前，只对法人类客户进行集中统一授信，主要是因为中小客户特别是个体工商户、自然人信用不好测定。为了更好服务"三农"，农村信用社目前对各个村户都评定了金牌、银牌户，确定了不同的贷款额度。借鉴这个办法，我们感觉可将中小客户划分为私营企业类、个体工商户类、农村专业户类、白领阶层类等，每种类型制定评定信用等级的标准，然后再确定一个最高的授信额度。必须注意的是：第一，这个评定授信标准要区别于大客户，要粗线条，要抓住现金流量、货款归行、年度收入等主要指标；第二，这项工作应由基层营业所和县支行客户部门具体操作，便于动态管理。第三，改变目前的信贷管理权限，适当下放县支行一级对中小客户流资审批权，这样既能增强对中小客户贷款的针对性、时效性，又能增强基层行的活力，还能增强基层农行在县域经济中发挥的吸附力。这就是说，在市分行对中小客户统一分类授信基础上，允许支行在核定的额度内自主审查发放，对超授信部分再逐笔上报审批，同时，也可在实行最高抵押时，循环使用授信，相机发放贷款。第四，建立考核激励机制。中小客户由于相对分散，所以必须实行管户（片）信贷员责任制，对贷款考察、发放、收回管理全过程负责。对于营销中小客户成绩突出、所管的中小客户效益好、资产质量高的予以奖励；对因人为造成损失的予以处罚。

（三）做好金融创新。一是根据中小客户的特点能够开发出手续简便、效率很高的贷款品种，如创业贷款、仓单质押或无形资产质押贷款等。二是为中小客户提供一揽子综合金融服务。如信用卡、结算汇兑、个人支票等。三是解决好资金和规模问题。目前一些行对中小客户也不是不支持，而是资金和规模有限，大客户都满足不了，小客户更无暇顾及。所以建议中国人民银行开办中小企业融资再贷款。同时，增加商业银行的专项规模，以改善对中小客户的服务。四是实行灵活的利率和税收政策。中小客户贷款的频繁性和客户的分散性，势必加大了管理成本。所以建议加大利率上浮幅度，同时，减免利息税收。

（四）有效地防范风险。加大对中小客户支持力度并不是要放松信贷管理，相反，由于中小客户自身的特性，要进一步加强监督。一是管户责任人要切实入户跑摊，及时了解客户动态，监督贷款使用，财务部门要对账户严格管理，保证贷款归行和收入现金回笼，在客户经营出现风险时，要迅速采取措施。二是对担保抵押真正落实到位。不管采取何种方式担保，都要认真审查。除规定的条件外，更要把中小客户法人和个人的品德以及还款动机作为重要条件，不能随意降低担保的标准。三是与政府、经贸委、人行、个协、工商联等相关部门加强联系，取得他们的支持和配合，以便掌握行业发展动态和信息，加强对中小客户的管理和监控。要通过人行的信贷咨询系统，了解客户用信情况，对不守信用的予以曝光，对恶意逃废债的严厉打击，努力营造良好的信用环境。

（中国人民银行总行《金融参考》2003年第2期）

关于提高银行盈利能力的几个问题

银行资金盈利能力的高低,取决于诸多方面的因素,其中,准确把握和处理资金的保本点和机会成本是不容忽视的重要因素。

一、资金的保本点

做好成本核算是银行资金盈利的基础。银行在经营过程中,必须经常进行成本核算,即核算某一项业务收益与成本的差额。如果收入尚不足以抵消消耗,那么,经营就无利可图。在资产和负债结构规模不变的条件下,我们可以加权平均计算出万元资产利息收入,同样可以计算出万元负债变动成本。固定成本在一定情况下是一个常数。这样,当收入与总成本数量相当时,收支平衡,不亏不盈,我们把这个交汇点叫保本点。也就是说,资产的规模小于交汇点即保本点对应的规模时,就会亏损。反之,则会盈利。保本点可以说是银行资金盈利水平的重要参数。

我们假定某银行资产规模为2700万元,万元资产的收入为250元,万元负债的支出为175元,年固定成本为10万元,那么用10万元去除250元与175元之差,就可以得到一个数值即1333.3万元。也就是说,银行资产总额达到1333.3万元,才能正好收支相等,保住本。资产每增加1万元,盈利就增加75元。反之,资产总额每减少1万元,亏损就增加75元。同样,我们可以推算出实现一定盈利所需要的资产。比如某银行计划盈利15万元,那么用盈利额加上固定成本除以每万元资产创利额,也即15万元加10万元再除以250元减去175元之差,就可得出实现盈利计划15万元的资产值3333.3万元的数值来。

二、资金的机会成本

如上所述,银行经营的目的,不仅要盈利,而且要追求盈利的最大化。这样,仅靠一般的成本核算是不够的。只有把各种可能的盈利机会进行比较,从中选择出较高的盈利机会,才能最大限度地提高资金盈利能力,这就牵涉到机会成本问题。银行在投入一定资金的情况下,为了取得一项收入而必须放弃另一项收入,它所放弃的收入就是它获得收入的机会成本。我们把得到收入与其他机会成本相比较,如果收入大于其他机会成本时,则盈利能力最大。比方说,某银行在资金市场上借入100万元,期限为一年,年利率为5%,资金的使用可以有下列几种选择:购买国库券,年利率6%,年利息收入6万元,纯利润1万元;如果放贷款,半年期的年利率为7%,假定周转两次,那么,一年收息7万元,纯利润为2万元;如果贷款是一年期的,年利率为8%,可收入利息8万元,纯利3万元。在这些机会中,都可以盈利,但只有选择发放一年期贷款时,它所放弃的购买债券和发放半年期贷款的选择才是最佳的。当然,随着市场的变化和竞争的加剧,决策时以为已经找到了最好的选择,但过后却会发现还有更好的目标,这就需要银行尽可能做好市场预测和判断。

减少了负债成本,其实也就是增加了盈利。在负债业务中也存在着机会成本问题。只不过它是以净收入形式间接反映。简单地说,若某银行资产平均年利率为7%，而活期存款年利率为3%，半年期定期存款年利率为5%。如果100万元资产对应负债是100万元活存，则一年盈利就是4万元，如果对应的是半年定存，一年盈利就只有2万元。自然，当负债为活存时，年净收入4万元，放弃的是一年2万元的净收入机会。因此，这种选择最有利。

三、提高银行资金盈利能力的方略

一是资金的盈利性管理。首先，要把资金盈利能力作为首要的指标来考核，形成一整套科学的考核指标体系。考核的指标应包括百元资金盈利率。其次，要走内涵型发展之路，经营的目标要放在提高银行自我生存能力基础上，进一步强化成本的核算和控制。

二是注重负债经营。过去我们把主要精力放在银行资产的运筹和管理上，这当然是应该的，但负债经营同样能创造利润。当前，负债经营中应注意三点：（1）充实银行资本金，提高营运资金自给能力。（2）下力气调整负债结构，积极组织低成本资金。（3）全方位、多渠道筹集资金。

三是合理配置资金。合理配置资金是提高盈利水平的关键。这就要求我们"把蛋糕做得尽量大些"，实行资产负债比例管理，让资金满负荷运转。同时，资金运用要面向市场，优化投向，在确保安全前提下，追求最优的利润目标。另外，要扩大资产种类，适度投资政府债券，合理匡算头寸，减少或避免资金的低利占用。

四是降低成本费用。降低了成本费用也就相应提高了资金的盈利水平。现阶段，主要靠转换机制，苦练内功。不能一味增人员，盲目上规模，储蓄网点要优生优育，根据业务量确定人员，业务量小的该撤并则撤并。营业场所、固定资产的构建要本着适度超前的原则。机关管理人员尽可能向经营一线摆布，减少管理费用开支。综合费用支出也要与资金创利额挂钩。

(山西省农行《农村金融研究》1995年第8期)

理顺思路搞存款，转换机制筹资金
——万荣县光华信用社存款工作经验谈

我们万荣县光华信用社共有干部20人，下辖37个信贷服务站，一个信用分社，为全乡24个自然村3.1万人提供存贷款和结算服务。近年来，我们理顺思路，更新观念，转换机制，开拓进取，使储蓄存款工作取得了迅猛发展。1992年净增230万元，1993年净增320万元，1994年则净增574万元，存款总余额达到2201万元。在全县名列前茅，为支持当地农村经济发展提供了有力的资金保障。

一、理顺思路，更新观念，提高吸储自觉性

1987年前，由于指导思想不明确，我社存款一直居全县下游。1992年以后，由于各方面的努力，存款有了明显增长。此时，便有人认为存款已到顶，搞多了要吃亏。认识上的偏差使得我们在存款吸收上得过且过，不积极主动，导致全社存款曾一度滑坡。针对这些苗头，社领导及时对症下药，组织学习，开展讨论。通过深入学习讨论，使职工对实行商业化经营和资产负债比例管理有了清醒的认识。大家一致认为，农村信用社要想在竞争中求生存，在困境中求发展，手中就必须有

资金，才能占有主动权，靠拆解、靠贷款超负荷运转不是长久之计；如果不把存款放在首位，贷款就失去来源，贷款效益也就无从谈起。

观念的更新带来了行动上的自觉。首先，对存款工作做到了早计划、早安排。每年年初，社领导都要先制定出全年存款目标规划，并将任务分解落实到人。其次，对存款工作月月奖惩兑现。其三，全社职工不论外勤还是内勤，都要求时时讲存款，处处抓存款，克服一软一硬做法。仅1994年，全社人员利用走亲访友之际实现存款50万元。

二、扩大网点，充实力量，夯实存款基础

按理说，光华乡是一个大乡，濒临黄河，土地肥沃，群众相对富足，搞存款自有其先天优势。然而，前几年信用社存款却一直裹足不前。总结经验教训，我们得出结论："存款要上去，法子要对头。"虽然说群众手中有钱，但长期以来，信用社网点散，人员少，不能最大限度地挖掘资金潜力。为从根本上扭转这种被动局面，我们着力采取了两条措施：

一是加强网点建设。光华乡的24个村，分布分散，远近悬殊，信用社的服务站却很少，有的小村甚至没有，群众存取十分不便。针对这一问题，首先，我们对全乡服务站进行了整顿，对长期以来存款增长慢、业务素质差的站或予以合并，或更换了站干，提高了服务站的服务质量；其次，本着合理布局原则，在原来十多个服务站基础上，又挑选了一批作风硬、威信高的村干部担任站干，使全社服务站达到37个。最后，为扩大服务面，增强储蓄辐射力度，我们又结合实际，采取特殊对策，在位置偏远而经济又十分活跃的薛吉村建立了信用分社，为企业和群众存取款提供方便。服务网点的加强，带来了存款的大幅增长，到1994年底，仅服务站存款就达到800万元。

二是壮大吸储队伍。以往搞存款，我们虽然也投入了较大精力，但由于人手不足，信息不灵，经常是事倍功半。经过对服务站的调整，合理了布局，加强了力量，但信用站既要抓存款，又要搞收贷，远远不能适应农村经济的发展，造成相当多存款的流失。如何在不增加社内职工的情况下，做到有效增加储蓄呢？在调查中我们发现农村中有一大批离退休人员精力充沛，威信很高，却闲着无事干。基于此，从全乡选拔了240余名离退休人员担任协储员，并且采取编号、立户、发聘请证的办法，按存款余额直接支付手续费。这样一举两得，不仅发挥了他们的余热，而且为我们吸收存款壮大了队伍，实在是无形的财富。王胡村协储员王志虎，利用自己当医生接触人多的便利，边看病边吸储，1994年底余额已达到30万元；邻居村退休教师张忠效，任教多年，学生遍布全乡，被聘为协储员后，该同志利用师生关系，广泛吸储，仅两年时间，就动员存款50万元。协储员队伍的建立，真正使资金组织工作做到了全方位、多层次不留死角，避免了社站干与群众关系远的缺陷，开辟了存款工作的新天地。到1994年底，仅光华社协储员吸收存款就达600万元，占到全社存款总额的37%。

三、以贷促储，优化投向，广泛培植储源

存款要增长，储源是关键。而储源从何而来，归根结底，还是要靠经济发展。否则，存款吸收只能是无源之水，无本之木。在实际工作中，我们始终把存贷作为一项综合工程来抓，通过调整结构，优化投向，大力支持地方经济的发展，从而起到培植储源，以贷促存的作用，使资金组织真正做到源头活水不尽来。

（一）支持农业基础设施建设，改善农业基本生产条件。光华乡虽是大乡，但常受旱魔之害。为彻底摆脱干旱的面貌，确保粮棉丰收，从

而引导农民致富奔小康,我们始终把兴修水利放在重要位置,多次深入村户,讲政策,做工作,帮规划,放贷款。短短几年,我们先后放贷560万元,在千古旱塬上打了72眼深井。这样,全乡水浇地面积达到3.5万亩,实现了人均一亩水浇地的目标,促进农业发展。1994年全乡小麦、棉花产量在全县名列前茅。蔬菜、苹果等经济作物种植面积也大幅度增加。

（二）支持农产品加工收购。光华盛产花生、苹果、绿豆等,如何把这些资源优势转变为商品优势,我们重点从扶持农产品加工收购入手,帮群众实现向商品化的转化。首先,抓龙头带一般,大力扶持产品加工增值。光华食品厂生产果脯,我们先后贷款130万元,帮其引进生产线,使年加工能力达到千余吨,生产的"万欣牌"果脯远销四方,并获农业博览会优良产品奖。其次,支持农民进入流通领域,从事农产品收购贩运。仅为薛吉村民张玉奇就一次贷款数万元,帮其收购花生、绿豆数万公斤,销到南方后,获利3万元。

（三）重点支持农民兴办企业。农民要致富,农村要发展,兴办企业很重要。这几年光华乡经济较活,外出兴办企业的农民很多,仅在各地从事防水材料加工的就达六七千人。面对这个令人欣喜的现实,我们思想上重视,资金上倾斜,工作上到位,全力支持村办企业的发展。村民李智效提请办特种电磁线厂,社主任吕天林亲自前往泾阳县考察,确认其有可观效益后,立即贷款53万元予以扶持。现在这个厂年产值已达到600万元,销售额达115万元,产品供不应求。目前不仅全部归还了贷款,而且每年还为信用社带来间接存款10万元。辛勤的汗水浇灌出了丰硕的果实,在我们的信贷扶持下,全乡1994年工业总产值增加了4800万元,农业总产值增加了1200万元,农民人均增收500元,新的经济增长点不断产生,为我们组织存款提供了不尽的源泉。致富后的农民异口同声说"信用社扶持咱发了家,咱有钱就存信用社"。因此,从某个角度讲，我们社存款之所以增长快，支持经济发展，广泛培植储源，无疑是一大秘诀。

四、改变作风，优质服务，赢得储户千千万

如果说扩大网点，培植储源为进一步吸收存款提供了前提的话，那么，改变作风，优质服务，却是真正赢得储户的关键。这些年，我们在优质服务上也讲了不少，但多停留在表面上，深层次开展服务还不尽如人意。激烈的竞争使我们认识到经济再发展，群众再有钱，服务跟不上，存款也就难增加。于是改变作风，优质服务，以服务促存款，向服务要资金就成为我们组织存款的指导思想。在具体工作中，我们结合实际，重点做到了五个改变：

1. 改变营业时间。过去我们社和城镇信用社营业时间一致，上班迟，下班早，和村民的生活习俗不合拍，给他们存取款带来诸多不便。自1992年起，我们对储蓄专柜和分社每天延长三小时营业时间，对有特殊情况急需存取款的在条件允许情况下，随来随办。

2. 改变了取款办法。过去群众存取款无论在社内还是在站上，不是远跑了路，就是跑了冤枉腿，既费时间，又影响农活。现在，我们为业务量大的站干都配备了保险柜和一定额的周转金。这样，群众取款就不用出村随用随取。对于大额款项，只要提前预约，站干就会送款上门。

3. 改变服务态度。除在社内设立意见箱，对受到储户表扬的给予奖励外，我们还特别规定，凡在营业期间和储户发生吵架的，不论何种原因，一律扣罚当事人奖金20元，三次以上的报上级予以黄牌警告以致开除。

4. 改变坐门等客的旧传统，走出去上门服务。储蓄人员发扬背包

银行精神，走千家万户，社干林笃生听说电磁厂汇来了钱，就主动到县城为其办理转汇结算手续，一次发动存款5万元；西丁王站干李生财，每季都要自费搭车到临汾，从其弟的企业吸收存款，1994年就累计动员存款14万元。对于贷款、取款也是这样，只要提前预约，站干就会送款上门，大大方便了储户，受到普遍欢迎。

5. 改变被动服务的做法，当好储户参谋。我们光华社的储蓄人员始终抱着对储户负责的态度，注意分析不同种类储户的储蓄动机，有的放矢地给其推荐适合的储类，引导消费，帮储户精打细算，尽可能避免损失。去年（1994年）有一天，庄头村民李某匆匆来到信用社支取未到期的2.5万元存款，经办人员一打听，原来出于盲目攀比，该村民准备大兴土木，盖豪华住宅。于是耐心说服其放弃盖房打算，从事生产经营。李用这钱很快办起了锅巴厂，一年就盈利5万元，出于感激之情，将款全部存入了信用社。

优质的服务，构筑起强烈的磁场效应，吸引了越来越多的储户。不仅带来了大量的回头客，就连附近乡镇的一些生意人也慕名远道前来存款。

（山西省农行《农村金融研究》1995年第5期）

（本文和吕天林、林笃生合作）

试论农行转轨中沉淀资金的出路

农业银行在向商业银行转轨过程中，面临的一个突出问题，就是沉淀资金多，经营效益差，在实行商业化经营的新形势下，如果不尽快解决这一难题，势必会直接影响向商业银行转轨的步伐，使经营陷入困境。为此，加紧活化沉淀资金，提高信贷资产质量是摆在各级农业银行面前的一个亟待解决的艰巨任务。

一、农业银行沉淀资金的现状

融通资金服务于农业生产的农业银行，多年来，无论在信贷规模上，还是在资金运用上，都有大幅度增加，为支持农业和农村经济发展做出了很大贡献。但是，由于在计划经济体制下衍生出来的农业银行，内部管理上缺乏市场经济的风险约束，信贷管理比较粗放，加之行政干预等外部因素，使得信贷资产质量普遍下降，沉淀资金不断增多，沉淀资金在整个信贷资产总量中所占的比重相对大。以山西省农业银行为例，据统计资料，30%的信贷资产有问题，尤其是双呆资金占到将近20%，沉淀贷款就达30亿元左右，而1980年至1990年集镇储蓄余额也仅为30多亿元，就是说，11年辛苦搞得30亿元储蓄存款全部填入了沉淀资金这个"黑窟窿"。信贷资产质量的严重低下，使得本来就不十分景气的业务经营状况每况愈下，大量的应收未收利息形成挂账，有相当多的县支行陷入了严重亏损的尴尬境地。资金沉淀的"苦果"开始充分显现，农业银行的经营面临着从未有过的严峻局面。

二、搞活沉淀资金的必要性和迫切性

农业银行实行商业化经营后，资金上的"大锅饭"被彻底砸烂了，要求农业银行通过自身的努力不断增强资金实力，在激烈的竞争中站稳脚跟，发展壮大，为经济发展发挥积极的促进作用。同时，对农业银行来讲，实行商业化经营是一个从未遇到过的新课题和新考验，上上下下都缺乏这方面的经验。在这种情况下，如果要农业银行背着如此沉重的沉淀资金包袱去走向市场，实在是勉为其难。有人说这是让农业银行抱着石头下海，笔者认为是符合实际的，也是十分形象的。从这个意义上讲，农业银行实行商业化经营后，必须经历活化启动死滞资金这个不可逾越的阶段。这是因为：

1. 活化沉淀资金是向商业银行转轨的内在要求。农业银行向商业银行转变，本质上就是要运用市场机制，按照价值规律来经营业务，其经营的原则，是要在保证资产安全性和流动性的前提下，实现最大盈利。而目前的沉淀资金数额巨大，资产流动性极差，根本达不到商业银行对资产负债正常比例以及资本金与风险资产的比例要求。如果不把这一大块死滞沉淀的资金搞活，农业银行是无法按市场机制来运营的。

2. 活化沉淀资金是由信贷资金运动的特征所决定的。信贷资金是存款人对银行的让渡以及银行对贷款者的让渡，它是一种使用权的转移。从其运动形态来看，表现为两重支付，两重归流。即由 g-G……P-M……G-g。两重支付一般不存在问题，在生产流通实现后，以货币形态回到使用者手中和使用者将本息偿还银行过程中，任何一方发生问题，都会造成银行信贷资金运动的阻碍和中断，直接威胁到银行的生存和发展。

3. 活化沉淀资金是稳定银行资金来源的要求。从信贷资金的来源构成看，目前，农业银行的资金主要来自集镇储蓄存款，而来自工商企业及财政单位的存款仅占15%，信贷基金所占不到10%，也就是说，农业银行资金的60%左右来自集镇储蓄存款。从一个较长时间来看，无论是转轨后的农业银行，还是新组建的农业发展银行，除发行债券外，负债主要还是要靠存款。而群众存款的目的，一为安全，二为盈利。从这个意义上讲，信贷资金的沉淀，本质上是存款的损失。如果长此以往，农业银行势必失去信誉，直接影响信贷资金来源的稳定和增加。

4. 活化沉淀资金是增加盈利的要求。农业银行作为企业，盈利是其经营的目标。目前，多数基层行效益不高，亏损严重。究其原因，主要是沉淀资金过多，因为沉淀资金的本金尚且不保，收息更无可能；另一方面，银行的利润来源主要是存贷的利差，但按现在资金运用来看，经营行除交央行13%准备金及3%—7%的备付金外，加上已经死滞的沉淀资金，实际可运用的资金仅占50%—60%。这样，获得的收益还不够补偿存款的利息支出和正常的业务费用。

5. 活化沉淀资金是经济发展的需要。经济的迅猛发展对信贷资金要求大增，供求矛盾日益突出。现在的沉淀资金这么多，存量搞不活，增量又有限，支持经济发展越来越乏力。在规模控制情况下，要想缓解供求矛盾，唯一的出路是启动存量。

三、启动沉淀资金的几种意见

如何搞活沉淀资金，使农业银行轻装上阵，实现向商业化转轨，金融理论界众说纷纭，各执己见，集中起来主要有以下几种意见：

1. 参股。即将这部分沉淀资金的债权转为股权，作为对企业的投资。主要是利用企业进行股份制改造或租赁承包时机，折贷参股，投股经营。

2. 补贴。过去农业银行有许多资金都运用在政策性业务上，即使是经营性业务，也因行政干预过多，使资金的投向发生异化。在政策性业务与经营性业务分离过程中，由于界定标准的局限，使许多本属政策性的沉淀资金也划给农业银行，所以财政或人民银行，应该对这部分沉淀资金予以补偿，具体可以通过发行融资债券方式进行筹集。

3. 核销和冲减信贷基金。即划分新旧，对1988年以前的沉淀资金用信贷基金补偿，以后的用呆账准备金予以核销。

4. 挂账停息。就是说对现在的这部分沉淀资金，无论占用在何种形态上，财政应一律停止对其计算利息收入，并相应冲减农业银行的上缴利润和税收，然后由农行组织清收逐年补偿信贷资金损失，直到补平为止。

四、选择清理办法的原则及活化沉淀资金的出路

目前，农业银行政策性业务和经营性业务已经分离，农业银行开始向商业银行转轨。对沉淀资金进行认真清理已成为当务之急。鉴于清理沉淀资金的时间紧、任务大，笔者以为，在当前的清理工作上，无论选择或采取哪种办法，必须遵循以下两条原则：一是可操作性，即所采取的办法能够在实践中加以运用，而不是仅停留在理论构想阶段。二是现实性，即处理沉淀资金的办法在当前或今后一个较短时期能够实现，既不能滞后也不能超前。

从现实的情况看，农业银行现有的这一部分沉淀资金大多已成死

账，传统的收贷办法已经对其无能为力。上述介绍的几种启动意见和清贷渠道，都有其合理性，但单独执行，却都有一定难度和局限性。笔者以为：（1）如果把沉淀资金作为股份参股经营，在目前情况下并不现实，一则多数企业已经资不抵债，本身就不符合进行股份制改造的条件；二则将债权转股实质上仍是将借入资金变为自有资金，不符合投资程序。（2）如果靠财政一笔补贴，也不可能。我国财政现在很大程度是吃饭财政，每年赤字很大，连续几年靠发行国库券和向银行透支实现预算平衡，全国各专业银行目前资产死账达4000亿元，财政不可能也无力全部补贴。（3）靠核销冲减银行信贷基金和呆账准备，这虽是今后商业银行经营的大方向，但目前条件还不具备。这是因为农业银行信贷基金一部分是1979年由财政拨款形成，一部分是1979年后每年利润留成增补，基数并不大，呆账准备从1988年开始提取，且比例仅为1‰，这两部分之和仍远远小于沉淀资金数。（4）如果将沉淀资金挂起来，财政减少收入自不必说，实际上是将存款支付的硬缺口和沉淀资金的包袱留给了农业银行，不能从根本上解决问题。

面对现实，如何有效地解放沉淀资金呢？借鉴金融理论界的意见，笔者认为，当前的出路可以概括为十六字，即理顺关系、划清责任、依照次序、综合治理。

所谓理顺关系，主要是理顺与沉淀资金形成有直接关联的部门和个人之间的关系，具体说主要是三方面的关系：一是与财政的关系；二是与有沉淀资金企业的上级主管部门的关系；三是与银行内部放贷责任者的关系。

所谓划清责任，就是在理顺关系的基础上，正本溯源，分清责任，并制定奖罚制度，使对沉淀资金清理权责利有机结合起来。

在此基础上，然后依照次序，综合治理。

首先，财政补贴一部分。政策性沉淀贷款是沉淀资金的重要组成部分，很大程度是财政补贴不能及时到位造成的。当前财政应该补贴到位的有三方面：一是粮食系统收购中应拨未拨部分；二是商业系统中按国家规定商品降价补贴部分；三是为实现政策规定的社会公益目标或者生产指令性计划产品，由于定价原因形成的利润亏损部分。

其次，企业主管部门补充一部分。在农业银行开户的企业中，有相当一部分自有资金不足，挤占了大量贷款，形成了沉淀。因此，企业的上级部门或主管单位，应一次补足下属企业的自有资金用以还贷，其资金来源可以是所属盈利企业历年所缴的利润。

再次，银行组织清收一部分。在前两步的基础上，对属于银行内部管理不善造成的经营性沉淀贷款，追究放贷者责任，小额款项由放贷者在规定期限内负责收回，否则，用放款者工资逐年填平，对万元以上的大额款项，由农业银行出面通过沉淀企业的拍卖兼并方式清回。

最后，通过呆账核销一部分。对经过以上努力确实收不回的死账贷款，农行应立即会同有关部门，加快呆账核销的步伐。这里必须注意，不能冲减信贷基金，因为基金基数本来就小，根本达不到规定的资本金比例。如果继续冲减信贷基金，势必给农业银行的经营造成更大的困难。

如果通过以上四种手段，沉淀资金仍不能清理完，那么应将人民银行对农行的短贷转为中长期贷款，且额度恰好与剩余沉淀贷款数额相当，并在一段时间内不付息，农行则通过加大呆账准备或者用以后的盈利逐年归还消化。

（《经济问题》1996年第1期，曾获全省农行征文二等奖）

一棵树上为何结出两样果？
——对农行永济支行减亏增盈和绛县支行增亏的调查

1994年，同属农行山西运城地区中支的永济支行和绛县支行出现了截然不同的经营效果。从地方经济收入状况看，永济市和绛县的情况基本相同，都是以农业为主。从银行情况看，到1994年底，永济支行现有人员176名，绛县110名，两县人均拥有存贷款率基本相近。但经营效益却大不相同，永济支行实现扭亏增盈2万元，在全区名列榜首；绛县支行则增亏277.9万元。条件相同的两个支行，为什么会出现两种截然不同的经营效果呢？最近我们对这两个支行的业务经营情况进行了调查，得出以下几条结论：

一、信贷资产质量的优劣，是经营效益好坏的根本

永济支行始终把提高信贷资产质量放在各项工作首位，他们通过强化信贷管理，进一步加大资金盘活力度，最大限度弱化资产风险。对非正常贷款，他们采取以活带死、债务分摊、新老划断、工商结合以工带商、完善担保抵押手续、建立内部催收责任制、组织依法收贷突击队等七条清收措施，取得明显的效果。1994年底，该行催收贷款实际收回

1662万元，完成中支下达任务1141万元的145%。通过盘活资金，使该行的资产结构得以改善。整个12132万元的信贷资产中，逾期贷款只有698万元，比例为5.75%，催收贷款1513万元，比例为12.4%，比年初下降了18个百分点。资产质量的提高，为实现经营收入创造了条件，使得年终收息率达到94%，较1993年提高了4个百分点。仅催收贷款一项就增加收入263万元。绛县支行的情况却不是这样，该行前些年盲目放款支持硅铁生产，由于市场变化，造成产品滞销，致使大量贷款沉淀，加之，在盘活资金中效果不明显。因而，资产质量急剧恶化，在该行的6452万元资产中，逾期贷款就达793万元，占总资产的12.97%，催收贷款3765万元，占资产总额的58.3%。由于非正常贷款份额大，使得利息清收举步艰难，1994年利息收入仅392万元，只完成中支下达592万元的66.2%，是全区最差的一个行。

二、优化信贷投向，是培植利润增长点的关键

永济支行为适应市场需求，不断优化信贷投向，积极支持高效农业和重点企业的发展，取得显著成效。1994年用于扶持高标准经济林和菜篮子工程建设贷款累计达到6816万元，为农民致富奔小康夯实了基础。同时，他们还先后投放4728万元支持永丰食品公司、蒲州造纸厂等34个企业增规模、上效益。在他们的信贷扶持下，新的经济增长点不断产生，为扭亏为盈实现利息收入创造了良好的外部环境。1994年该行仅从企业中就收回利息893万元；而绛县支行由于非正常贷款居高不下，加上存款组织不力，1994年城镇储蓄仅完成年任务500万元的78.60%。如此，存量难搞活，增量又有限，优化信贷配置，支持高效农业就无从谈起。利息清收陷入恶性循环状态，1994年仅催收贷款回收就少收利息438万元。

三、强化内部管理，是增加利润收入的保证

永济支行在经营上严管理，重核算，全方位多渠道增加收入。第一，他们按权责发生制原则，变年终突击结息为常年收贷收息。第二，勤核库存，勤轧头寸，减少资产的不合理闲置。1994年全行压回库存300万元，仅此一项就增加收入21万元。其三，严格执行加罚息制度和手续费收入制度，减少跑冒滴漏，1994年仅业务手续费就增加收入24万元。第四，努力降低资金成本。在1994年全年净增1645万元的存款中，活期存款就占到784万元，对公存款占到575万元。绛县支行经营管理粗放，低成本资金组织不力。1994年存款付息率高达10.72%，比1993年上升0.72%，这些都是造成增亏不减的重要因素。

基于以上对比分析，可以看出：两行的效益之所以悬殊较大，关键是管理和机制问题。如何实现扭亏为盈，彻底改善财务状况，我们认为，必须要在苦练内功上下功夫。

备注：此文报社加了编者按。

全文如下：建设新的金融体系，发展社会主义市场经济，有许多现实问题需要我们做出正确回答。农行运城中支提出并回答的便是问题之一。

为什么同样的两个单位，经营规模、经营条件等基本相同或相似，经营成果却大相径庭？为什么毗邻的两个地方，经济背景、经济环境等大体相当或相近，经济发展速度却迥然不同？为什么……为什么"一样"中产生那么多"不一样"？我们每个单位，特别是主管单位、主管者，都应就此搞些对比分析，找准原因，开出妙方。

对比分析，就要有典型。报道好的，是为了提炼经验，推而广之，再迈新步；展示差的，是为了正视现实，对症下药，迎头赶上。

农行山西运城中心支行主动解剖麻雀，分析了当地"一棵树上两样果"的成因，为我们开了好头。其他地方呢？有没有类似的"不一样"？除了经营手段的差异，有没有思想观念、领导素质等等其他的原因？

永济支行、绛县支行大胆向公众展示自己，亦向人们显示了他们的信心和勇气。其他地方呢？敢不敢也来个登台亮相？

本报拟就此开设"看反差，析成因"专栏。倘若我们各个地方、各个部门和各个记者、通讯员及读者，都能深入细致、认真负责地搞些对比分析报道，如果被报道的双方都能对此正确认识，冷静思考，切实改进，相信我们的事业一定"明天比今天更好"！

（《中国城乡金融报》1995年4月5日）

（本文和苑胜利合作）

娓娓道来

华盛顿的进与退

打江山就是为坐江山。没有成功后金钱、权力的诱惑,打死我也不干。东方式的思维,朝朝代代一直演绎着这样的故事。

然而,有一个人,大洋彼岸的美国的开创者——华盛顿确实例外。

当华盛顿安心经营自己富饶的庄园时,英国加剧了对美洲殖民地的压迫。华盛顿抛下温暖的家庭,告别闲适的田园生活,拒绝了每月五百元的薪金,担任大陆军总司令,投身民族独立战争。经过八年的浴血奋战,取得了胜利。这时候要建国了,华盛顿理所应当登上国家首脑的御座。出人意料的是他却选择了离开。

那一天,华盛顿走下检阅台,他要为国家实现最后一个军事目标:解散军队。"国家希望你们能回家去……国家没有恶意,但国家没有钱……你们曾是英勇的战士,从今往后,你们要学做一位好公民……"他以个人在八年战斗中积攒的威信和信誉,劝说这支刚刚挽救国家命运的队伍回家了。而华盛顿自己向国会正式归还了军权。他说,现在我已完成了战争所赋予的使命,我将退出这个伟大的舞台,并且向尊严的国会告别。在他的命令下,我奋战已久。谨在此交出委任并辞去所有公职。然后,回到了自己的弗农山庄。

1789年4月,国会主席通知华盛顿,他被全票选举为总统。得知这一消息后，他在日记中写道：我告别了弗农山庄，告别了平民的生活，告别了家庭的幸福，带着无法用言语形容的忧郁不安的心情，动身前往纽约，虽然我极其乐意响应祖国的号召为祖国服务，但却没有多大希望不辜负祖国的期待。当时，国家百废待兴，内忧外患，前途和命运尚处在风雨飘摇之中。他力挽狂澜，团结各方，完成了使命。四年过去了，他又想回家，但国家人民仍需要他。经过长期痛苦的思想斗争，才同意参加第二任的竞选。当然，选举院一致推选他连任。他继续领导美国消除了一系列内政和外交困扰，维护了国家和平统一。

在第二任结束时，华盛顿执意回乡务农，发表了告别演说，引起了轰动，人们为他甘愿放弃权力的勇气而折服。因为当时并未规定总统任职的期限。从此，美国总统最多只能连任两届的规矩成为不可打破的传统。

进与退，华盛顿展示了他对人类历史的伟大意义，于是美国人把"国父"这一荣耀送给了他。有人说，美国是幸运的，在开国初年每一关键时刻，上帝都给他们派去了一个最优秀的人选。

（于2010年6月29日）

李鸿章与电讯业

提起李鸿章，国人马上就会想到他签订了许多丧权辱国的条约，是卖国贼。但许多人不知道的是，他与中国的电讯业有一定渊源。

手头有一份李鸿章写于光绪六年（1880年9月16日）的奏折资料，题为《请设南北洋电报片》，云："近来俄罗斯、日本国，均效而行之，故由各国以至上海莫不设立电报，瞬息之间可以互相问答。独中国文书尚恃驿递，虽日行六百里加紧，亦已迟速悬殊"，"倘遇用兵之际，彼等外国军信速于中国，利害已判若径庭"，"约计正线、支线横亘须有三千余里，沿线分设局栈"。又言："并由臣设立电报学堂，雇用洋人教习中国学生，自行经理，庶几权自我操，持久不敝"，"臣为防务紧要，反复筹思，所请南北洋设立电报，实属有利无弊。用敢附片缕陈"。

请示设立电报线，在现在看来是一个普通的民生问题。但放在当时的背景下实属新生事物，困难重重。顽固派认为，电线埋入地下将使已经入土的祖宗不得安宁，此即不孝，不孝即不忠，把技术和产业问题政治化、道德化。李鸿章遇到很大阻力，有工部给事中陈彝1875年奏折为证：

> 铜线之害不可枚举，臣仅就其最大者言之。夫华洋风俗不同，天为之也。洋人知有天主、耶稣，不知有祖先，故凡入其教者，必

先自毁其家木主。中国视死如生，千百年未之有改，而体魄所藏为尤重。电线之设，深入地底，横冲直贯，四通八达，地脉既绝，风侵水灌，世所必至，为子孙心何以安？……藉使中国之民肯不顾祖宗丘墓，听其设立铜钱，尚安望尊君亲上乎？

其实，1865年，李鸿章致函过总理衙门，提出开设电报的建议。但如泥牛沉海，不了了之。对架设电报线不光顽固派反对，就是洋务派如曾国藩、崇厚等，一开始也曾认为劳民伤财，屡屡拒绝。但李鸿章一再坚持，于1879年在大沽、北塘海口炮台试设电报以达天津，这一成功，更增强了他架线设局的信心。正好中俄伊犁交涉军情紧急，李鸿章再次及时上奏，加上洋务派已转变认识，清政府无暇考虑忠孝问题，批准李鸿章创办电报局。1880年，李鸿章在天津设立电报总局，同时开办电报学堂。这是近代电讯事业的开始。

而今，中国的电讯业迅猛发展，浪潮奔涌。有数据显示，到2010年，中国手机用户将达到7.4亿，电话用户达到10亿，网民数量超过3.6亿。

岁月如梭，多少历史都湮没在时间的长河中，然有些愈远却愈清晰。

（2010年5月19日）

学习是一种使命

和一些基层金融机构员工谈起读书时,他们当中总有人不以为意。领导说:整天忙抽不出时间;员工说:反正就是存放收老一套,再学习也没啥用。于是,书本被束之高阁,报纸也懒得翻一翻。学习在一些员工心目中变得生疏而陌生。

不可否认,随着金融业商业化进程的加快,各项改革和经营任务日益繁重,各级领导和员工为改善经营确实花费了许多精力,付出了艰辛的努力。但工作再忙,也不至于连学习的时间都挤不出来。

当前,金融业百舸争流,竞争激烈。竞争的焦点也日益集中到金融的创新能力上。而要创新,首先就得拥有知识。比如,要开展国际业务,就必须会外语;要实施网络化服务,就要了解计算机;要规避金融风险,就得懂法律。最基本的贷款业务,也要准确把握客户所处行业的市场走势,正确分析客户资金营运状况,做到既为客户出谋划策,当好高参,又保证银行贷款安全。而这些,并不是那些抱着老经验,念着老皇历的人所能胜任的。其实,反思以往一些基层金融机构存在的贷款失误、决策不当、管理疏松、案件发生等问题,与某些领导和员工放松学习、缺乏知识和对业务不精通不无关系。新的形势呼唤高素质的员工,加强学习更具迫切意义。

令人汗颜的是，当一些金融机构的员工尚在优哉之时，全社会的金融意识已经觉醒，学习金融知识的热潮已在社会各层面迅速掀起。新年伊始，党中央率先举办了省部级主要领导干部金融研究班，对重大金融问题进行了系统的分析研究，江泽民总书记对全党提出殷切的希望：学习、学习、再学习；实践、实践、再实践。企业的厂长经理们也通过多种方式熟悉金融市场运作流程，开始扫除"金融盲"。

机不可失，时不再来。对金融机构员工来说，学习已不是一种个人行为，而是一种义务，一种使命。我们每一个从事金融事业的员工，都要不断提高驾驭现代金融业发展大势的本领，在市场竞争中勇立潮头。可以预言，当勤奋学习形成时尚之日，正是金融业兴旺发达之时。

（《金融时报》1999年3月14日）

瑞士人的"小气"

瑞士的富有世人皆知，然而与其富有同样有名的却是瑞士人的"小气"。有例为证，瑞士的一家企业举办了一次由几十个国家参加的高层次学术会议，开会期间，东道主每天仅向与会者凭票免费供应一杯茶水，要想多喝或不小心把"茶票"弄丢了，就得自己掏腰包。不独如此，往返的机票也是最便宜的，开会地点不仅租金低廉，而且可以代办午餐。至于宴会、礼品、观赏活动则一概免除。

如此富有的国家办起事来却如此小家子气，未免令国人费解。如果说，仅是一家企业的不识时务之举也就罢了，据了解，在处理公务时像这样精打细算、锱铢必较的做法，在瑞士已司空见惯，成为普遍的社会风气。其实，理解也好，不理解也罢，回过头来，细细品味，却又不能不为瑞士人这种以最少的钱办最多的事，以最小的投入赢得最大效益的精明的"经济头脑"而叫绝。

但在时下，我们周围的各种奢靡浪费现象却屡见不鲜，见怪不怪了。有些企业不顾财力和实际需要，盖高楼大厦，修豪华办公室，盲目追求所谓的档次；有些单位职工工资都发不出去了，但公款吃喝却愈演愈烈，一出手就是上千元；至于搞个开业剪彩，更是讲究规格、气派，与会者大快朵颐后，发红包、观光旅游已是"必修的课程"了。和瑞士人比起来,我们实在"大气"得很,但如此这般,许多企业被折腾得"体无完肤",元气大伤。

毋庸讳言,瑞士的富有自然是其经济发展的结果,但在我看来,与瑞士人这种"小气"的理财精神也不无关系。试想,如果瑞士人恃富自傲,花起钱来大手大脚,挥霍无度,那么这种富有也不会长久。今天我们的国家尽管经济大有发展,但底子很薄,并不富有,许多企业经营仍很困难。唯其如此,我们更应有长期过紧日子的准备,在经济生活中,坚持务实的理财精神,"少花钱,多办事",来不得半点铺排张扬,也只有这样,企业才能走出困境,经济才能得到发展,社会财富才能扩大。由此看来,学学瑞士人的"小气",对国人来说并非多余。

(《中国城乡金融报》1999年6月4日)

"冷"与"热"的随想

要说时下的中国社会什么最"热",我看当数下海经商赚钱最热,其实,这也是发展市场经济应有之义,无可厚非。但与此形成鲜明对照的是一些不该"冷"的却遭冷落。

据报载:新疆图书馆新馆工程,动工八年,仍因资金不落实,开馆遥遥无期。而其周围,宾馆、酒店大盖特盖,如林四起,且装修豪华,动辄上百万元。

一个"冷"得出奇,一个"热"得火爆,个中缘由,其实也很明了:盖经济利益使然也。宾馆酒店能带来现成的票子,而图书馆作为传播科学文化知识和精神文明的中介,要说有效益也属"期货",难怪"智"者不为。可见,冷热仅是表象,根子里暴露出的却是发展经济和加强文化教育建设的矛盾。

毋庸赘言,从"君子耻于利"到争相下海,搏击商品经济领域,无疑是中国历史性的进步。但热了经济,冷了教育,实属短视。

历史昭示我们:发达的市场经济,不可能在文化教育的荒漠上建成。韩国、(中国)香港、新加坡、(中国)台湾之所以成为"四小龙",都是从教育起步的;日本战后经济奇迹般恢复和发展,也应归功于明治以来重视教育而储备的大量人才。

不仅如此，经济发展中所需要的宽松外部环境和氛围、市场中人的高度职业道德的养成、市场经济中消极因素的抵制等等都有赖于健康发达的文化教育。辩证地看待两者关系尤为重要。或曰："现在我们仍很贫穷，经济发展了，教育自然就上去了。"此话有一定道理，但也失之偏颇：一则，没有科学文化做先导，就不可能有经济大发展。二则，富了未必"热"教育。个别地方经济刚有了起色，却又致力于购豪华车，吃高级餐，而校园里危房依旧，教师的工资仍欠。

"风物长宜放眼量。"为历史和未来计，宾馆酒店热可适当降温，局部经济利益也可做暂时的牺牲，教育事业却须臾不可冷落。

（《山西青年报》1993年12月1日）

想起了凯恩斯

面对全球金融危机和经济衰退，各国政府都苦寻良策，纷纷救市。这时一个曾经辉煌的名字又一次进入决策者的视野，他就是20世纪30年代英国经济学家凯恩斯。

1929—1933年，西方资本主义国家遭遇了一场空前的经济大萧条。股市崩溃、银行倒闭。古典经济学家倡导的靠市场这只"看不见的手"调节经济的理论也走到了尽头。1936年凯恩斯出版了《就业、利息和货币通论》，力主国家调节和干预经济，运用财政、货币政策，刺激需求。凯恩斯理论立即成了救资本主义国家于水火的"及时雨"，被罗斯福迅速运用于新政实践中，把保证经济正常运行和充分就业作为政府的职责，稳定金融，振兴工业，刺激了经济复苏。西方因此把凯恩斯的影响和哥白尼在天文学、达尔文在生物学、爱因斯坦在物理学上的贡献相提并论。凯恩斯并由此登上了美国《时代》周刊的封面，蜚声世界。

历史是惊人的相似。八十年后的今天，各国政府又为化解危机殚精竭虑。美国两任总统分别拿出7000亿美元和8190亿美元的救市计划，95%投在金融业上。中国政府提出两年内投入4万亿人民币，投资基础设施建设和刺激内需；同时，采取积极的信贷政策，避免经济下滑。这些，实际上仍是凯恩斯当年的老药方，所以有人说，这是凯恩斯主义的回归。

当然，对于这些救市措施，对于凯恩斯政策的运用，经济学家有不同的声音，持不同的观点。北大有教授提出要彻底埋葬凯恩斯主义，认为中国经济需要的不是政府救市，而是需要市场调整，推动经济增长的是生产、供给而不是需求；还有学者提出中国不需要凯恩斯主义，更需要邓小平理论，需要深化改革，解放生产力。对美国的救市措施也毁誉参半，众说纷纭。认为向金融机构注资、对坏账银行收购不良贷款等是治标不治本，注定失败。

抛开理论的是非曲直，换个角度来看凯恩斯，对中国经济学家仍有十分重要的启示意义：

一是经济学家如果没有高度的社会责任感和以学济世的抱负是不会有真知灼见的。对知识的渴求，使凯恩斯醉心于学术研究，以天下为己任的信念又使他时刻关心时局的变化。从经济学家的角度看，他建立了一套完整的理论体系。从政治家的角度看，他提出了解决复杂社会问题的办法。为政府决策服务是凯恩斯经济学的一大特色。那么，中国当前能够独树一帜、登高望远形成自己的理论体系而又符合国情的经济大家又何其少也。

二是经济学家要有独立的人格。剑桥大学健康的研究氛围，自由的争鸣空气，激发了凯恩斯的创造力。凯恩斯认为权威是微不足道的，真理才是所有人追求的至上目标。中国的许多经济学家则成了利益集团的代言人，存在浮躁心理，坐不住冷板凳去研究学问，怎么能够对经济形势提出客观正确的判断呢？有些甚至影响了高层的决策，给国家造成了很大的经济损失。

三是经济学家要走出象牙塔，增加历练，提出更加符合实际的理论来。凯恩斯研究过学问，当过政府官员，使他不仅从学者角度而且从政府角度来分析解决实际问题。他做过商人，经历过商场的打拼。这些无疑给他的研究注入了活力。我们的个别所谓专家学者则缺乏多个角色的锻炼,特别是对中国国情没有清醒的认识。空洞的注释多,真知灼见少。

经济危机是一个魔鬼,它使全世界哀鸿遍野;经济危机也是天使,至少可以让经济学家清醒起来。有人说经济危机也是经济学家的危机,此言不虚。而凯恩斯恰恰就是一面镜子。

(2009年4月)

找回失落的价值

博士生招不满额,研究生弃学经商,一股不愿读书的风气,正在许多大学生中蔓延,新的"知识贬值论"已侵蚀到高校。教育界有识之士为此焦虑。

但读书不如赚钱来得快却具有普遍意义。让饱学之士看到不识字的人发财,文盲数量的增加便在所难免。这种社会导向的力量比任何空洞的说教更具说服力。

那么,造成知识分子价值失落的根源在哪里?主要是长期以来知识的价值得不到相应的回报。

一百年前,莱茵河畔的大胡子在他的巨著《资本论》中写下这样的文字:价值,凝结在商品中的人类劳动。知识正是因为它凝结着生产者所付出的体力劳动和脑力劳动才具有价值。而它的价值实现途径在于进入流通领域,同社会发生商品供需关系。

而在我国,一切劳动产品归国家,使知识分子远离了商品经济市场。国家只根据财政状况支付工资,这就造成了难以根据知识在商品流通领域中所实现的确切价值支付报酬。而一个社会阶层之所以离开本阶层移向另一阶层主要由差异报酬引起的。

于是,解决知识分子待遇问题迫在眉睫。对社会来说,在商品经济确立的条件下，应不断健全和完善知识的供需市场。社会学家的研究表明：让知识分子先富起来是一些发达国家的普遍做法。日本战后经济奇迹般的恢复和发展，首先归功于明治以来所储备的知识人才，而优厚的报酬却是知识分子得以大量涌现的直接动因。

而对于知识分子，特别是大学生来说，则应正确认识形势，放眼长远，坚信随着我国经济体制改革的深入，知识的升值是必然现象。当时代需要真正的大企业家时，最终的成功者肯定不是那些卖茶叶蛋的，当我们能为祖国的现代化做出贡献时，那才是价值的最大实现。

值得欣慰的是，知识分子的市场劳动价值正逐步趋于合理，社会也越来越认识到知识的重要。不是有许多单位、个人高薪聘请科技人员、教师和各类知识分子吗？不是越来越多的有识者向教育投资吗？

而在校园中，在各类商业性广告旁出现更多的却是学术报告的讯息，勤奋读书，刻苦钻研的风气正蔚然兴起。

是的，我们定能找回曾经失落的价值。而眼下最迫切的却应是学习、学习。

（原刊于《天津青年报》1988年12月30日）

历史——读《明朝那些事儿》

历史就是流水账，年月日顺延。

历史就是一个舞台，你方唱罢，他登场。各色人等，哭一声，笑一声，叹一声，然后谢幕。

历史是胜利者的家谱。

历史是惊人的相似。有时序幕、高潮、结尾就像复制品一样。

历史是不相信眼泪的。小人也能得志，君子可能下油锅。于是小人也是君子，君子也成了小人。

历史是无情的。从来只有新人笑，哪曾闻得旧人哭。权力的祭台上排斥亲情。

历史不一定总以喜剧结束。

（2010年5月6日）

创造新辉煌

在农行恢复成立四十周年之际,《光辉历程——中国农业银行山西省分行恢复成立40周年行史》就要付梓面世了。在此,我谨代表省分行党委表示热烈祝贺。

四十年,只是历史长河中的一个瞬间。但对历届山西农行人来讲,却留下了永恒的记忆,树起了不朽的丰碑。四十年来,几代人披肝沥胆,栉风沐雨,励精图治,艰苦创业。一个个发展的数字,记录着奋斗者的足迹;一张张珍贵的照片,展现着奉献者的风采;一段段鲜活的文字,抒发着创业者的情怀。无论岁月变迁,风云激荡,追求矢志不渝,事业薪火相传。回眸山西农行四十年,由幼苗而参天,由蓬蒿而凌云,一路走来,全行员工团结拼搏,众志成城,洒下了汗水,付出了艰辛,经历过彷徨,收获着喜悦。一次次蜕变,终实现凤凰涅槃。这些都是山西农行人最可宝贵的精神财富。而《光辉历程——中国农业银行山西省分行恢复成立40周年行史》则真实地记录了这一切,忠实地守望了这一切。

《光辉历程——中国农业银行山西省分行恢复成立40周年行史》经过艰苦搜集、整理,终编辑成书。既为总结以往,又以昭示未来。掩卷在手,山西农行发展的脉络了然于心,全行员工奋斗的历程如在眼前。

同样，一个全面进步、高质量发展的宏伟蓝图也清晰展现，催人奋进……

岁月如歌，前程似锦。让我们珍存每一份感动，奋楫扬帆，勇立潮头，创造出无愧于我们这个时代的新的辉煌！

是为序。

注：此文系作者为《光辉历程——中国农业银行山西省分行恢复成立40周年行史》一书所写的序言，题目为作者自拟。

关于民歌

对民歌不懂，也没研究过。但喜欢听，许多民歌沾着泥土，带着露珠，冒着热气，歌词感情真挚，直白上口，曲调或婉转缠绵，或高亢激扬，犹如诗词中的婉约派和豪放派。在电视剧《于成龙》中于成龙做媒，柳晋阳唱了一曲民歌《一对对鸳鸯水上漂》向石玉兰深情表白：一对对那个鸳鸯水那上漂，人家都说咱们两个好，你要是有那心思咱就慢慢交，你没有那心思就呀么就拉倒。你说那个拉倒就拉倒，世上的那个好人有多少？谁要是有那良心咱就一辈辈好，谁么有那良心叫野巧巧掏。你对我好来我知道，就像老羊疼羊羔，墙头上跑马还嫌低，我忘了我的娘老子我忘不了你，想你想成个泪人人，我抽签算卦我还问神神，山在水在人常在，咱二人甚时候把天地拜。此时，一曲胜千言，直挠得人心痒痒，有情人终成眷属。《一对对鸳鸯水上漂》是陕西民歌，也是电视剧《平凡的世界》中的插曲，《平凡的世界》是陕西作家路遥的力作，描写的就是陕北高原上的事，所以很贴切。电视剧《于成龙》中主角于成龙、柳晋阳是山西人，演了很多山西事，尽管晋西北和陕北文化风俗接近，民歌和陕北民歌类似，尽管这首歌意思表达的也很到位，但如果能用山西民歌做插曲就更原汁原味了。

山西民歌是一种古老的传统民间艺术，题材丰富，形式多样，有

"山歌""开花调""卷席片"等，收集整理出来的就有两万多首。据说，最早的山西民歌在尧天舜日就有传录，如《击壤歌》："日出而作，日入而息，凿井而饮，耕田而食，帝力于我何有哉。"《南风歌》："南风之熏兮，可以解吾民之愠兮！南风之时兮，可以阜吾民之财兮！"源自河曲的《走西口》是山西民歌的代表作。河曲在晋西北高原的黄河弯曲处，农民因旱灾历来贫困，每年春天渡过黄河"西口"，从陕西府谷县进入内蒙古一带，背井离乡谋求生路。现在，主要指山西、陕西民众因人稠地狭通过明长城不同关口到内蒙古垦荒、经商，山西人走的关口是右玉县的杀虎口。从明中期开始，走西口持续时间近三百年，和闯关东、下南洋一样，形成大移民。

随着《走西口》在山西、陕西、内蒙古一带不断传唱，也就有了不同版本。郭兰英唱的歌词是：哥哥你走西口，小妹妹我实在难留，手拉着那哥哥的手，送哥送到大门口，哥哥你出村口，小妹妹我有句话儿留，走路走那大路口，人马多来解忧愁，紧紧地拉住哥哥的袖，汪汪的泪水肚里留，只恨妹妹我，不能跟你一起走，只盼你哥哥早回家门口。哥哥你走西口，小妹妹我苦在心里头，这一走要去多少个时候，盼你也要白了头，紧紧地拉住哥哥的袖，汪汪的泪水肚里流，虽有千言万语，能叫你回头，只盼你哥哥早回家门口。

陕北民歌也有《走西口》，王二妮唱的歌词略有改变：……哥哥你走西口，哎小妹妹泪长流，送出来就大门口，小妹妹我不丢手。……哥哥你走西口，万不要交朋友，交下了的那个朋友多，哎操心你忘了奴。电视剧《走西口》展现的就是山西人走西口的艰辛、悲凉以及奋斗的历程。片尾曲是谭晶唱的《走西口》：妹在家里头，我心跟着哥哥走，我这辈子的泪蛋蛋，只为哥哥流，拆散了炕头头拆不散骨肉，寻不带盼头头，哥就不撒手，哎——嗨，寻不带盼头头，哥就不撒手，哎——嗨，走西口，哪里是个头，走西口，不知命里有没有，走西口，人憔悴了心没瘦,走西口,流着眼泪放歌喉。山西人,山西事,山西歌手唱山西歌,相得益彰。不过,最经典影响最大传播最广泛的还是郭兰英唱的那首《走西口》。

在《抱愧山西》一文中,余秋雨先生谈到他对山西民歌《走西口》的理解:"我怀疑我们以前对这首民歌的理解过于肤浅了。我怀疑我们直到今天也未必有理由用怜悯、同情的目光去俯视一对对年轻夫妻的哀伤离别。听听这么多情的歌词就可明白,远行的男子在家乡并不孤苦伶仃,他们不管是否成家,都有一份强烈的爱恋,都有一个足以生死以之的伴侣,他们本来可过一种艰辛却很温馨的日子了此一生的,但他们还是狠狠心踏出了家门,而他们的恋人竟然也能理解,把绵绵的恋情从小屋里释放出来,交付给朔北大漠。哭是哭了,唱是唱了,走还是走了。我相信,那些多情女子在大路边滴下的眼泪,为山西终成'海内最富'的局面播下了最初的种子。"

据资料记载,明清时有无数晋商穿过杀虎口,到库伦、归化、恰可图从事长途贸易。山西最大的旅蒙商大盛魁,从小贩做起,逐步积累财富,财东主要是祁县人,总号设在归化城(呼和浩特),用砖茶、生烟、绸缎、铁器、木碗、药材与蒙古人以物换物换回牲畜、皮毛,然后再销往山西左云、浑源等地,羊肉运往北京、河北,每年贩运羊最少十万只,马五千匹,最鼎盛时用工七千人,用于运输的骆驼两万匹。在清代中后期,与俄茶叶贸易基本由晋商垄断,在库伦开办茶庄的旅蒙晋商就有一百多家,两千多人。所以,"走西口"是心酸的移民史,更是走出去艰苦开拓的创业史。

"哥哥你走西口,小妹妹我实在难留",一曲《走西口》又响起,而此刻你再听体会到的可能不仅仅是儿女情长,更是别有一番滋味在心头,依恋、思念、期盼,昂扬悲壮,响遏行云……

感动

在街上散步,我遇见了推着自行车、已退休的原来的上级王领导。他正和一个两鬓发白、很有气质的老者交谈。可以看出他们很熟悉,关系也很融洽。

我和王领导打过招呼,也冲老者点了下头。

"来,我给你介绍一下,这就是咱运城著名作家王西兰先生。"

"噢,久闻大名,听机关张书记说过。我以为是个女同志呢。"

和王作家握着手,我冒昧地说道。说完忽觉十分后悔,毕竟年龄相差很多,又是初次见面,开这样的玩笑很不妥当。

王作家笑了笑,并未在意。

"省里要组织退下来的处级干部参观世博会哩,我还得准备准备。"

王领导有事,告辞先走了。

我正好和王作家同路,就一块边走边聊。当然,不能错过机会,主要是向王作家请教文学的问题。

"近来,具有全国影响力的作品越来越少了?"

"是啊,浮躁、价值观多元化都有影响。"

"现在一些小说看不懂了?"

"文艺为大众服务,文艺作品也不能脱离群众。"

当听到我也读过一些文学名著后,他很高兴地给我答疑解惑。

到了市政府门口，他要进去了，和我说，最近写了本书，让张书记给我捎一本。有时间交流。

道谢后，分手。

对送书的事也就忘了。因为很多时候说有时间办某事，已经成了客套话，并不一定兑现。我自己也给别人说过这样的话。

一周后，忽然接到张书记电话："王作家送给你一本书，过来拿。"心头马上一热，哎，萍水相逢，一诺千金，真难得啊。

拿到书一看，原来是《河东文化丛书》中的一册，书名为《不朽关公》。在扉页上，王作家还郑重地为我题了赠言。

我想，他写的关公一定精彩！

（2010年6月28日于平陆）

白云边

都说中国酒文化博大精深，我理解主要指喝酒的一些礼仪、一些感受、一些隐含的政治意味等。实际上酒自身的名字和来历与文化也密不可分。

上个月到武汉，和几个二十余年未见面的同学聚会，大家都很高兴。回忆求学趣事，共叙同窗情谊，自然也少不了酒做佐料。同学点的是武汉本地一种叫白云边的酒。初听到这个名字我感到很好奇，专门叫服务员把酒瓶子拿过来看了一下，原来和李白的一首诗有关。因为字小灯暗，没有看清。只记得同学很自豪地给我朗诵了一遍。当晚，豪饮了几杯，思绪便也随白云飘荡，怎么回到宾馆已记不太清了。

闲下来后，查了资料，李白的诗云："南湖秋水夜无烟，耐可乘流上九天？且就洞庭赊月色，将船买酒白云边。"那是公元759年，李白携友人秋游洞庭，溯江而上，夜泊湖北松滋市，流连于洞庭烟波浩渺之景，遂开怀畅饮，即兴写下这一律诗。白云边由此而得名。诗仙的诗无疑给这酒增添了浪漫色彩，给人无限的想象空间。

山西人爱喝汾酒。所谓"天下大势，合久（喝酒）必分（汾），分久（汾酒）必合（喝）"。有客来时，这是少不了的劝酒词。汾酒的出名也与诗有关。唐人杜牧赋诗曰："清明时节雨纷飞，路上行人欲断魂。

借问酒家何处有,牧童遥指杏花村。"而汾酒就产自汾阳市杏花村。于是,杏花村就成为美酒产地的代名词。有人说,诗以酒传名,人们以杏花村汾酒之名记住了《清明》诗;酒以诗飘香,人们以《清明》诗闻到了汾酒飘香。诚哉斯言。如今,山西又出了以杏花村命名的酒,因其价格平实,早已进入寻常百姓家。只是出了名也有麻烦,全国许多地方都说杜牧所去的杏花村是他们那个村,竞争者不下十余家,引经据典,莫衷一是。

"慨当以慷,忧思难忘。何以解愁,唯有杜康。"这是曹操《短歌行》中的诗句。相传,杜康是一个善于酿酒的人。后来,就把杜康作为美酒的代称。现在还真有杜康酒,产地就在河南洛阳。去年出差到洛阳,在品尝水席的时候,就喝了国花杜康酒。大红的瓷瓶上,镶嵌着雍容典雅的牡丹。欣赏完洛阳的牡丹后,再喝这酒,真是绝妙享受。公正地说,曹操应该是杜康酒的代言人。

(2012年10月18日于临汾)

毕业照

穿过鼓楼，穿过古色古香的北门，下了高高的台阶，便是山西师大的校园了。

垂柳依依，芳草萋萋。一湖碧水在校园蜿蜒着。成群的人们沿弯弯的小径散步，因为是下班的时间，有拖家带口者，有还未自习的学生。湖边的石凳上，有读书的学子，有相依的老人，自然也少不了无忧嬉戏的孩童。如茵的草坪上也聚集了很多人，有些干脆就躺下来，闭着眼，体味着泥土的芬芳。

最引人瞩目的却是穿着学位服的学生们，成群结队地在照毕业照，它成了校园又一道亮丽的风景线。男女学生轮换着拍照，在湖边，在小桥，在教学楼前，流连忘返，乐此不疲。当然，也有带点疯狂的，或集体跳起来，或把学士帽高高抛起，或摆个作怪的姿势，随后欢声笑语便荡漾开来。在图书馆前，几个女生则拿着手机相互拍照，丝毫不减雅兴。是啊，要离开美丽的校园了，这里的一草一木都值得流连；要告别朝夕相处的同学了，每一个面容都令人难忘。

看到眼前这些充满活力的年轻学子，顿生羡慕之情，也把自己的思绪一下拉回到二十二年前同样火热的毕业季。那时候，还不讲究穿学位服，我们这些将要跨出大学校门的学生，也照了许多相，和老师的，和老乡的。一个班级的，一个专业的，然后是系里二百余人的大合影。最难忘的则是我们宿舍几个男生的一张合影。

那天，我们到主楼附近的周恩来纪念碑前照相，照了几张后，有人看见主楼下远远站着一个穿红裙子的女生，便起哄说，谁能把这个女生请来和我们合个影，中午他请客。我不假思索边说，我行。其实，离得远，也看不见面容，心里直打鼓，但后悔已来不及了，只好硬着头皮去请。到了跟前乐了，原来认识，是我们联谊宿舍的比我们低两级的化学系的何洪波同学。当时，我们与不同宿舍楼但相同房间号的化学系的女生联过谊，周末相互串过门，聊过天，文理科思想碰撞有些收获。洪波同学是沈阳人，记得还曾问过她名字的来由，她说可能源自曹操《观沧海》中"水何澹澹，洪波涌起"句。给她说明原委后，她很爽快地过来和我们合了影，于是，便有了这张青涩岁月纯真、浪漫的毕业照。

2012年6月8日写于临汾
（刊发于《运城晚报》2019年7月22日）

风物流变乡村广告

业余爱好摄影,但因为工作的原因,总抽不出整块的时间外出采风,只好在周末到周围的乡村去拍摄。远离了城市的喧嚣,心情也得到了放松。久而久之,享受了田园风光,了解了风土人情,感受了乡村变化,自然也记录了许多美好瞬间。然而,感觉最有趣味的还要算那朴实无华、种类繁多的乡村广告。

广告,是商品经济发展的产物。在割资本主义尾巴的年代,农产品自由买卖也算是投机倒把,列入另类。这时候贫穷落后就是乡村的代名词,广告也和乡村无缘。改革开放后,社会经济迅猛发展,城市里的广告五彩缤纷,铺天盖地。乡村广告也犹抱琵琶半遮面,渐渐地从无到有,从少到多,从单一到丰富,形成一种独特的广告文化。

乡村广告最吸引人之处在于:其一,语言简洁,通俗易懂,酣畅流利,直抒胸襟。如"百货大楼家具好""日本摩托进口动力""好种子,谁种谁发家"等,一如乡亲说话直爽的性格,绝无笑话"此地有西瓜出卖"秀才般迂酸。其二,就地取材,载体简单,最多的是靠一把刷子和涂料书写的墙体广告,还有粉笔直接写在砖墙上、纸板上、院门上、电杆上,讲究的挂条大红横标,端得是因陋就简,说明问题就行,没有城市广告的光怪陆离,张扬铺排,甚至视觉污染。当然,一些灯箱广告、霓虹灯广告也开始出现，看来也要与时俱进了。其三，内容丰富多彩，基本覆盖了百姓的衣食住行和文化生活。有农民自己的农副产品、劳务用工出售信息，大量的则是城里商家产品的销售服务广告；有盖房、建材、收棉花的广告，更多却是婚纱摄影、名牌冰箱、彩电、手机的营销广告，在一些比较偏远的乡村甚至能够见到黄金珠宝、保险公司的广告。另外，招工招生广告、计算机、外语培训的广告，也时有所见，给盼望子女成才的乡亲打开了一个个希望的窗口……

从表面上看，乡村广告不管怎么变化，其实只是个促销手段和形式，往深里究，则告诉我们很多。可能有经济学家用数字论证乡村的变化，但我看乡村广告的变迁其实就是改革开放三十年乡村发展的缩影。可能有政府官员苦苦探求乡村变革之道，但透过乡村广告所反映出来的实事求是、所反映出来的智慧，就知道该问计与谁了。

（《黄河晨报》2008年10月17日）

茉莉茶香

算起来,喝茶已经三十年了。每天都离不了,上班先泡上一杯,放在眼前。看着舒展浮沉的茶叶,心情大好,也有了精神。一天不喝,则觉得空落落的,好像少了什么东西。如果只能喝白开水,则觉得舌根寡淡,少了趣味。

茶叶呢,也不讲究,就是最普通的茉莉花茶。有塑料袋封装好的,有纸袋包扎的,平淡无奇,朴实无华,最主要是物美价廉。那时候年轻,刚忝列为办公室文员,编简报信息,写通讯报道,出总结汇报,最后是扛大活——起草领导讲话。扛大活时,晚上经常要爬格子。吃完晚饭后,白日的喧嚣渐次远去,单位也按下了暂停键,这时候才能沉静下来,思绪开始飞扬。早早从茶桶里捏出一撮茉莉花茶,倒上开水冲好,然后坐下来搜肠刮肚,推敲酝酿,继而挑灯夜战,挥汗如雨。遇到思维凝滞,写不下去了,站起来,端起茶杯,在斗室踱步。把盖子拧开,低头闻一下茉莉花茶,一股醇香扑鼻袭来,凝神间,茅塞顿开,赶紧落座,继续笔走龙蛇,信马由缰。

其实,也羡慕文豪大师们嘴里叼一根烟斗,吐一口烟圈,在袅袅青烟中文思泉涌,妙笔生花。曾经也试过,抽上一两根纸烟后,口干舌燥,头脑发晕。其后,即使有阿诗玛、刘三姐乃至金陵十二钗等等诱惑，都没上套。甚至闻不得烟味，遇到瘾君子则远避之。看来不是写锦绣文章的料，只能安心干好文员的活，能把材料顺利交了账就烧高香了。从此与香烟是绝缘了。经过考验，茶终成案头伴侣。

已过三更，人困马乏，脑子木了，眼睛也在打架。靠在椅子上迷糊片刻，起身到水房，倒掉早已铅华散尽、少滋没味的残羹，沏上一杯新茶。楼道里一灯如豆，静悄无声，掉根针都能听见，也有点吓人，怕有妖怪从黑暗中来。但天明材料要用，再累也要赶出来。把浮在杯口的茶叶——自然少不了一两朵茉莉，仔细嚼上几下，吸口气，吐出去，然后喝上几口热茶，放下杯子，白蒙蒙的气雾立刻飘起来，感觉全身马上又蓄积了能量。伏案疾书，胜勇追穷寇，秋风扫落叶，黎明时分终于搁笔，桌上堆满了厚厚一沓沓稿纸，可以收工了。"昨夜西风凋碧树，独上高楼，望断天涯路"，"衣带渐宽终不悔，为伊消得人憔悴"，口中念念有词，似在发誓，挪到沙发旁，立刻倒头而眠。

回头想想，没有这茉莉花茶的提神醒脑，醍醐灌顶，还真支撑不下去。于是，"夜后邀陪明月，晨前独对朝霞"。青灯黄卷，读书笔耕，常有花茶相伴。独坐小酌，观其色淡雅，尝其味隽永，不张扬不粉饰，花香品尽是茶香，清汤和银花相得益彰。在和茉莉花茶的厮磨中，闻道清心，修炼定力，咂摸人生况味，探寻通幽曲径。借花茶神力相助，文字也有收获，有一年在《人民日报》头版连续发了两篇言论，论文还获得全省系统比赛最高奖。

此后，走过许多路，见过许多人，经过许多事，也喝过许多佳茗，但最难忘的还是茉莉花茶。因为，那一缕清香里有那个年代奋斗的初心……

（发表于《山西银行业》2021年第3期）

一方茶

一方水土，一方茶。一方茶，则滋养一方人。

十多年前，去武汉培训时，和几个大学同学小聚了一下，是晚，酒微酣，也尽兴。散后，专程从洪湖赶过来的尹同学送给我一些荷叶茶。洪湖早就知道名字，小时候在村里，电影《洪湖赤卫队》看过好多次，知道洪湖上有万顷荷田，是鱼米之乡；洪湖水浪打浪，洪湖岸边是家乡……四处野鸭和莲藕。这个歌曲也耳熟能详。但想不到还有荷叶茶。尹同学驱车数百公里，专程赶来，第二天凌晨又出发赶回去上班。每次品尝荷叶茶，总有一份感动，伴着浓浓的荷香而来的是浓浓的同学友情。

有段时间忽然想念兰州的老朋友，于是驱车千里，到了兰州。在朋友陪同下，欣赏了桑科草原风光，参观了拉卜郎寺，游览了刘家峡水电站，看到了黄河岸边的羊皮阀。回来的时候，朋友带了两盒当地有名的三泡台茶。三泡台茶，里面有春茶尖、菊花、桂圆、葡萄干、小枣、荔枝干、冰糖七种料，有解腻、滋润作用。西北人爱吃羊肉，所以在西北的饭馆大都备有三泡台茶。三泡台的来历也有讲究，主要是说喝茶的茶具，上有茶盖，中是茶碗，下有茶托，故称"三泡台"，其实就是盖碗茶。家乡的街上有家茶馆，叫天地人和，老板说，盖碗茶，盖为天，托为地，茶碗在盖、托之间，如人立于天地之间，顶天立地，君子担当。还说，茶是"天涵之，地载之，人育之"的灵物。茶中有深意，君须慢慢品。

90年代时还到西湖边喝过龙井茶。那是单位组织到杭州旅游，看完西湖后，有一个项目就是到城外的梅家坞周围品尝龙井茶。记得服务员讲了一些龙井茶的知识，根据采摘的时间，把茶分为女儿茶、媳妇茶、婆婆茶，清明前采得自然是上品，谷雨后次之等等。然后分别在玻璃杯里倒了三杯，叫大家闻辨，最后拿茶盘端来，给每人递上一小杯，品上一口，确实香气四溢，甘甜无比。离开时大家都带了一些，以志纪念。据说乾隆南巡时，有四次到西湖茶区，看茶叶制作，品龙井新茶，并为龙井茶赋诗四首。其中一首名为《坐龙井上烹茶偶成》，诗曰："龙井新茶龙井泉，一家风味称烹煎。寸芽出自烂石上，时节焙成谷雨前。何必凤团夸御茗，聊因雀舌润心莲。呼之欲出辩才在，笑我依然文字禅。"看来，乾隆爱茶，懂茶，是龙井茶的真粉丝。

在晋南临汾曾盘桓三载，知道有苦荞茶。临汾东部山区光照少，种荞麦多。苦荞茶实际是用苦荞麦粒烘烤加工而得，有健胃消食作用。有友人还赠送过槐米茶，是用夏季槐花未开放时采收的花蕾制成。李时珍在《本草纲目》中记载："（槐）花未开时，形状如米粒，炒过又经水煎后呈黄色，味道很鲜美。"槐米茶有清热败火作用。据说，还有柿子叶茶、竹叶茶等等。有段时间，我拿一个紫砂小壶，泡两颗红枣，两片红芪，当茶喝，亦乐在其中。

其实，这些都不是严格意义上的茶叶，只能算作药茶或养生饮品。因为只有用茶树上的叶子焙制的才是茶叶。但它们一样是天地精华，百姓智慧，且自由自在，跋山涉水，问道南北，走向四方。

守一方茶，结万千缘。我想，不管何方茶，不管何方客，把盏临轩，清风徐来，都有一番滋味在心头。

（刊发于《山西银行业》2022年第1期）

愚人节

愚人节是西方社会的民间传统节日。在这一天，不分男女老幼，可以相互开玩笑，相互欺骗以换得娱乐。20世纪80年代末，愚人节在中国的大学校园就已很流行。

记得有一天，我们下了课，路过学三食堂的公告牌前习惯性地瞥了一眼，看校园有什么新鲜事。除过许多寻物启事外，一条电影信息吸引了我们的脚步：师大礼堂今晚上演奥斯卡金奖电影《魂断蓝桥》，学生免票，勿失良机。有这样的好事，对穷学生来讲求之不得，大家欢呼雀跃。

师大离我们不远，以前也去过。晚上，我和室友三人一块穿过八里台立交桥，到了师大礼堂。妈呀，黑乎乎一片，礼堂连门也不开。一个人影都没有，哪有电影。这时候，才有一室友醒悟过来说，嘿，我们上当了，今天是愚人节。

回到宿舍，大家不甘心。空跑了许多路，又浪费了感情，总得有个说法。正好，室友小蔡有个习惯，他的牙膏吊在下铺的床边，用的是那种透明的牙膏，每晚下自习后照例要刷牙。于是，早有苦大仇深者把牙膏悄悄换成了透明的鞋油。十时整，小蔡准时回来，然后按部就班，将吊着的牙膏中挤出一些放上牙刷上，毛巾往肩上一搭，拿着脸盆，到水房例行公事。我们捂着嘴，偷偷跟在后面，准备看笑话。小蔡像往常一样，刷着牙，刷着刷着觉得不对劲，左顾右盼，都是同学，又不敢嚷嚷。洗完后回到宿舍，小蔡借着灰暗的灯光一看，原来牙膏被别人换成了鞋油。大家看在眼里，只能窃笑。

二十年了，小蔡已在广东的某金融机构任职。不知还能否想起当年愚人节的恶作剧。在此，说一声见谅了。

（2010年5月6日）

毛家山：一段尘封的记忆

这是一个普通的小山村，但又是一个曾经风云一时的精神圣地。

二月中旬，我和同事驱车去平陆县圣人涧的毛家山村。沿着弯弯曲曲的盘山路，翻过两座山后，不经意间就到了。村口有一个打麦场，场边的小屋旁有一个石碾子，站在场边，整个村庄尽在眼帘：在一些树木的掩映下，几排参差不齐的窑洞靠崖分散着，远远看得见门上贴着红红的过年对联，路中几只小鸡在觅着食，有人家的门边卧着牛。朴素而安宁，这实在是黄土高原中最普通最不起眼的村庄。然而，这里也曾上演过热火朝天的青春之歌。在平陆，据说四十岁以上的人对毛家山的大名都有深刻印记的。

那注定属于一个特殊的年代。1968年12月，三十名天津知青，扛着红旗，唱着歌曲，步行五十一天，行程1300公里，来到这个只有三十二户人家、一百多口的毛家山老区插队落户。70年代末先后有五批学生来自南开区十三所中学，共计一百零七名，其中九十九名初中生，七名高中生，一名大学生，这些天津知青在这里挥洒汗水，战天斗地。他们住在知青大院的窑洞里，和村民一起修路、引水荒山种树，粮食还获过丰收。通过天津的支援，使毛山人听上广播，用上电灯。1973年12月21日，《人民日报》头版头条还以《敢教毛山变大寨》为题报道了毛家山知青的先进事迹。毛家山一下出名了，前来参观和受教育的学生和单位络绎不绝。1975年后知青陆续调动返城，有的考上大学，有的找了工作，有十二对成了夫妻，还有三名知青生命永远留在了平陆。

沿村口往里走不远就是村部，印象最深的是墙外和院里的标语，一下把记忆拉回到那个岁月，如"毛泽东思想永放光芒""扎根农村干革命，志在毛山不动摇""为人民服务"等，显然有些是在原来基础上维护过的。绕过村部往东再走二百米，下了坡就能看见当年的知青大院。砖门上挂着一副白色对联："远离城市来农村，铁心山区当农民。"门前是一个黑色大理石碑，比较完整地记录了这一段历史。院里知青住过的窑洞大都塌陷、脱落，一些当年糊在窑壁上的报纸已发黄变黑，依稀可辨。院里的东边正在施工，新建的窑洞已经成型。据说，这儿准备开辟为知青展览馆，抑或是希望小学。村民说，这些变化还要归功于当年的知青。

"怀念毛山故土，感恩父老乡亲。""山亲水亲人更亲，村民知青心连心。"2008年10月1日，毛家山乡亲，迎来了插队四十年后回访的天津知识青年，他们敲锣打鼓，热烈拥抱，嘘长问短。知青们为乡亲们捐钱捐物，并一起携手在毛家山南坡上，栽下了象征一百零七名天津插队知青的一百零七颗松柏树，作为永久的纪念。

2009年5月，已在天津退休的七十岁老知青郝广杰，重上毛家山，决心筹资与天津知青、毛家山人一起为实现"一景两地"的建设而努力。"一景"指旅游景点，"两地"指生物生态种植养殖基地和对青少年进行听党话跟党走、自强不息、艰苦奋斗的爱国主义教育基地。知青大院的修复就是一个重要内容。随后，在村后的路边，我还见了许多纪念性的石碑，从日期上看是去年新立的。从碑的记载看，历届县委政府对知青也是付出了极大的关注和支持。

在不大的村里转了转，以便近距离感受毛家山。三三两两的老人带着孙子，在门前闲聊，拉着家常，手里却不闲着，纳着鞋底。看见我们，远远打着招呼，询问是否喝水。有人家的门前放着蜂箱，一群蜜蜂在沟边花草中飞舞。近中午了，一个老汉赶着羊从地里回来，身后背着许多树枝，阳光打在他的头顶，一闪一闪。出了村，碰见一个年龄相仿的中年男人，正坐在公交车站牌前。聊起毛家山，从他嘴里得知，村里许多人都移民到离县城不远的地方，年轻人都去住了，有七成打工，小孩在城里读书。村里通了可视电话，还可以看电视。离开村子又往后山走了走。

告别毛家山的时候，一回头猛然看见西边山头上用石头摆放的可能粉刷不久的"敢教毛山变大寨"大红标语，心微微一颤。历史与现实，相互交织，如此清晰又如此模糊。我想，尽管有时代的局限，尽管有悲壮色彩，但知青了解国情民意、艰苦创业的精神却应该发扬。特别是在社会心绪浮躁的时候，更有重要意义。

（2010年5月28日于平陆）

平遥印象

每年九月的时候,有一个地方总忍不住脚步想去看,细算了一下,其实前后已去过有八九次了。这个地方就是平遥。平遥有保存较完整的明清古城,有城墙,有县衙、有文庙,有老民居,有当铺、镖局博物馆等等。每年游客如云,四季不暇。最吸引我的是平遥的国际摄影大展。从2001年开始,基本固定在9月19日到23日一周时间。一年一个主题,到现在已经办了近二十届了。每年此时,作为摄影爱好者的我便利用周末假期和运城摄友们,拿着三脚架并背着摄影包,或结伴拼车,或一起坐火车前往。连续两三年住在日升昌客栈,二三十人住四五个大通铺,每天二十元。吃饭,或是方便面,或是买两个街头现烤的月饼——这时候大抵是中秋节,大家热火朝天,乐此不疲。摄影节是摄影人的盛会,全国的摄影人从四面八方蜂拥而至,平遥像过年一样,满大街都是拿着长枪短炮、挂着各种证件的摄影者,还有许多摄影院校的学生,平遥也是他们的实习基地。

这时候最重要的任务是观展,这真是一场视觉的盛宴。先从县衙开始,这是摄影展开幕式的举办地和作品的主场,许多全国性摄影大赛获奖作品赫然入目。然后到柴油机厂、棉织厂展区,这里有侯波作品回顾展,有大众摄影封面照片展,大部分则是各省的联展。然后再到土产公司仓库展区,这个展区作品全部是国内外大学摄影专业学生的创作。晚上院子里则是中外名家摄影作品大银幕专题展示，由摄影专家主持解读。黑压压挤满了人，大家都屏息静气，像饥饿的人扑在面包上一样，只怕漏掉精彩片段。只能听见投影器的声响。另外文庙、城隍庙也有一些展览，印象深的是《新京报》《华商报》《南方周末》新锐媒体的头版新闻大幅照片展示，角度新，与民生关联度高，视觉冲击力强。街上好几个大的客栈被《中国摄影报》社、《摄影世界》杂志社征用。四合院的周围也挂满了图片或刊物介绍，晚上搞一些讲座或现场提问，去的人也不少。在展场，不期而遇了许多摄影大咖。像国外摄影大师玛格南图片社的普雷基、中国摄协主席李前光，著名摄影家黄文、卢广、朱宪民及山西摄协主席王悦等等。

总之，徜徉在图片的海洋中，视野进一步开阔，借鉴和思考的触角也不断延伸。第二个任务是拍片。平遥的摄影元素特别多，城墙、古色古香的民居、对镜头很放松的居民、浓厚的商业气氛都是创作的好题材。我也在城墙上拍过人像，在小巷中拍过市井生活，在店铺前拍过广告招牌。仔细梳理，这些实践提高了我的摄影技能。有两幅与儿童有关的作品在摄影刊物的月赛中还获奖。另外，摄影展期间，有摄影书籍和器材的销售，我曾购过三脚架和背心，还有美食节的美食奉献。我想，平遥与摄影结缘，相得益彰。平遥因摄影而大放异彩，摄影因平遥而朴素厚实。

夜很深了，摄友们满怀疲惫回到客栈，尽管很累，但屋里热，秋老虎还在。大家就坐在院子里，冲一杯茶，交流一下白天的收获。地区摄协的杜主席说，让老栗讲个故事解解乏，大家也一起撺掇。老栗五十岁样子，长瘦脸，高个儿，是稷山的通讯组长，也是摄协主席。见推辞不过，老栗便清了清嗓子，讲了一个发生在他身上的黑色幽默的故事，题目就叫《一张名片》。老栗是半路调到县委通讯组当干事的，主要任务是摄影带通讯报道。通讯组挂在宣传部，是个副科级单位，连组长也就两三人，采访的重头活主要靠老栗。那个年代能拿个相机也很神气，别人都很尊敬。到各单位，别人看老栗年龄大，明知是干事，仍要加个官衔称他栗组长。老栗含糊应着，久之大家都习惯叫栗组长。老栗工作很努力，照片通讯经常见报，多次评为先进。特别是只要各级领导出席的活动老栗必在，各级领导对老栗都很关心。县委书记曾拉着老栗的手，说职务问题组织会考虑的，好好干。市委书记下乡视察，看见老栗，对县委书记说，老栗的进步要关照。省里领导来了也过问过老栗的事。拖了几年，因干部编制问题，还是未解决。老栗于是做了个名片。正面是：栗某某，首席摄影记者（仅此一人）；下面是中共稷山县委通讯组"栗组长"。后面几行分别是：刘书记时（此人可任用）；尚书记时（大家这样叫）；董书记时（研究未宣布）；现任县委雷书记（已答应解决）；运城地委书记（曾多次催办）；省委政工书记（让尽快落实）。下面是电话。背面是白板。几经风雨老栗最终当上了组长。

故事讲完了，大家都笑了，佩服老栗的智慧。杜主席做了补充，省领导知道名片后，觉得有趣，要赠给客人，稷山县委秀才们润色创作后特别印制几百张专门送到太原。夜已过半，大家打着哈欠，在恋恋不舍中起身休息。我躺在铺上，辗转反侧，忽然想起家乡万荣笑话中也有个关于名片的段子，有异曲同工之妙。大概90年代，某中央领导到万荣县水泥厂考察，厂长郭某递上自己的名片，领导看了看，觉得很有意思，就念了出来：中共中央国务院、山西省委万荣县、地方国营水泥厂、支部书记兼厂长。这张名片当即得到领导肯定，最终走进了中南海。万荣是笑话之乡，人民智慧幽默，想来应该确有其事。

还说平遥。日升昌客栈的对面就是日升昌票号博物馆。记得和全系统办公室的同志们参观过一次，留下了很深的印象。如果说摄影让我与平遥结缘，那么平遥票号业曾经的辉煌则更令从事金融工作的我发自内心敬仰。脚下的西大街，近百年来，曾经是中国的华尔街，是多数票号业的总部所在地，不夸张地说近代中国的金融业风云变幻与这里息息相关。日升昌票号原是个颜料店，财东李大用、掌柜雷履泰都是平遥人。雷履泰上任伊始看到晋商运现银不方便，与财东商定，专门经营汇兑业务，成了第一个吃螃蟹的人，带动周边祁县、太谷、介休票号的发展，在大江南北设立四五百家分号，垄断了全国汇兑业务，山西票号成了清末民初中国金融业的代表。雷履泰是个商业天才和管理大师，日升昌票号的所有权和经营权的分离，用人制度、人身顶股制、风险的防范、总分号的制约等等在创新中日臻完善，特别是崇尚信用、注重规制、以人为本、开拓进取、严于管理的晋商精神对现在的金融业和民营企业仍具有重要借鉴意义。

日升昌的邻居是蔚泰厚票号，前身是家绸布庄，经理为介休一姓侯的，看到日升昌由颜料行改为票号后生意兴隆，利润丰厚，就动了心。正好雷履泰和二掌柜毛鸿翙不和，侯氏就将毛鸿翙拉了过来，布庄改组票号，毛任总经理，最终又开办了四家票号。票号员工待遇普遍较高，很风光。当地有民谣："家有票号郎，胜过七品空堂皇。"余秋雨先生也在平遥看过日升昌票号，在《抱愧山西》中写道，他长期把山西看作是特别贫瘠之地，但研究和了解后才知道晋商叱咤风云五六百年，山西曾经号称海内最富。所以对山西感到抱愧。其实，真正应该汗颜的是今天的山西人，如何恢复晋商的荣光，再创新的辉煌是迫切的课题。

大连情思

对于大连，我向往已久，只是无缘走近。去年十月中旬，参加完高师答辩，终于有机会一睹大连的风采。空下来的两天时间里，我便马不停蹄，一点一滴，用脑用心，品味着大连的优雅，感受着大连的美丽。

海是大连的尤物，也是大连的灵魂。大连无比热情地拥抱着海，海也以它宽广的胸怀，迷人的魅力成就了大连。徜徉于滨海路，吸吮着和煦的海气，沐浴着习习的海风，看远处海鸥高飞，归帆点点，水天一色，浩渺无边，令人心旷神怡；流连于星海湾，可以看见垂钓的老人、游泳的青年，更有无数的恋人，手拉着手，亲昵漫步。这时候，一个人赤着足，坐在软软的细沙上听海的私语，看海的波涛，片刻的宁静，片刻的孤独，使人宠辱皆忘，忘海息心，真是人生的美妙境界。

无边的绿是大连永久的盛装。有土的地方就有绿草，大连人这样自豪地对我们说。不虚此言。坐在公交车上，纵横于市区、城郊，确确实实看到能够绿化的地方没有一点裸露。据说大连大小广场就有七十多个，每一个广场就是绿色的集中展示。星海湾广场是亚洲最大的广场，远远望去，除了绿还是绿，满目苍翠，生机盎然。绿地上，有打太极拳的，有放风筝的，还有踢足球的。绿色使城市得以呼吸，绿色给生命注入了活力。

洁净是大连的本色。我从未看见过这么干净的城市。走在大连的大街小巷上，很少有垃圾、废纸、烟头，很少有人随地吐痰。街两旁的垃圾桶设计得很人性化，每个桶上有专门的烟灰缸。三三两两带着头巾的清洁工尽职尽责地工作着。没有垃圾，没有灰尘，没有污染，大连的天是透明的，透明的天又还给大连人一份好心情。

大连的美还有很多。大连的公园美：老虎滩公园秀丽，海洋馆神奇，劳动公园幽静，星海公园博大；大连的建筑美：有鳞次栉比的现代高楼，有欧亚风情的古典城堡，依山傍水，尽收眼底；大连的高校美：有著名的东北财大、理工大、医科大、外国语学院等等，引无数学子竞折腰；大连的人最美：英姿飒爽的女警，漂亮时尚的少女，活泼机灵的儿童，还有热情奔放的出租车司机……大连正带着自信，带着自豪，迈向新的未来。

匆匆地来，又匆匆地去。尽管流连，但对于大连，我注定只能做匆匆的过客。愿下一次的重逢，大连能带给我新的惊喜。

（2006年5月17日《黄河晨报》）

北京小记

去年因公务到北京出差两三次，主要是处理信访事务。还有一次是参加《中国城乡金融报》座谈会。闲暇时，看了几个地方。

一是中国美术馆。因为住的宾馆就在王府井大街周围，步行约二三公里就到了。里面有许多展览，印象最深的是题为《记忆星辰》纪念周海婴九十周年诞辰摄影艺术展。周海婴是鲁迅的儿子，是无线电专家。从小便开始拍照，十四岁正式学习摄影，一生拍了数万张底片。许多照片记录了重要历史瞬间，同时还关注市井风貌，有很高的历史和艺术价值。但周海婴低调谨慎，近七十年中从未发表过摄影作品。直到2008年，当过摄影记者的长子周令飞帮助父亲整理筹办摄影展，并结集出版。其实，多数照片前几年在摄影刊物上已经看过，记得当时的题目是《镜匣人间》。现置身展览现场，看后又有新的收获和启发。摄影史研究者、策展人陈小波这样留言："好照片有三个标准：第一是社会性，画面写满时代痕迹；第二是诗性，要有艺术水准；第三是情感力量，很多年后看到心还会咚咚咚地跳。"她还说："摄影是未来时，你的影像有没有价值，五十年以后才能得到证明。周海婴先生的作品，再次证明了这一点。"作为摄影爱好者，我平时也拍纪实题材，故深以为然。

二是看了老舍故居和鲁迅故居，都是四合院。居京城，大不易。没有点经济实力是不行的。但前提是有吃饭的本事和能力。两位大家应该不存在为斗米发愁的问题。

　　三是邮政博物馆。从住的好苑建国酒店走过去，也就十分钟左右。看了一些名人书信、珍贵的邮票等，最重要的是通过大量实物和资料了解了邮政发展的历史，领略了邮政事业由起步到跑步，再到加速度的时代变迁。宾馆后面就是中国妇女儿童博物馆，前几年有个全国妇女儿童摄影赛，我的一张照片入选，还被收藏在此。下午去时已四点，到门口不让进了。只好留点遗憾，随后看吧。

　　十多年前，在北京待了一周，参加单位组织的领导力提升培训。住在达园宾馆，培训学习在北大百年会堂。达园门口墙上嵌一个白底的门匾，达园两字是启功的手笔。院子里有湖，风景秀丽，还有一通乾隆御碑。步行到北大很近，上课间隙，漫步于未名湖畔，徜徉在博雅塔下，瞻仰了西南联大纪念碑，感受着北大深厚的文化底蕴。其间，和学员还一起参观了水立方、鸟巢，在国家大剧院观看了文艺演出。

　　798艺术区也去过两次，这里本来是老工业厂区，改造后处处是扑面而来的艺术氛围，里面的展览和文创也留下了深刻印象。

　　永康君还曾陪我到故宫、钱币博物馆、世纪坛看过。世纪坛其时建成不久，记住了碑文中的两句话"文化乃常青树，科学乃聚宝盆"。正好有一个外国摄影家莫里循的摄影展，拍摄的是清末民初在中国旅行时见闻，展现了当时的人物生存状态、社会风貌。一张张仔细看过，觉得很震撼。当然，还到永康君在新华社的办公室参观了一下。

　　再早去北京就是学生时代，国庆假期从天津到北京找高中同学占敏君，他当时在北京读大学，然后一起凌晨赶到天安门广场看了激动人心的升国旗仪式，又在颐和园划了船。

（2020年1月）

游凤凰谷

10月5日，和家人一起去凤凰谷。

可能是专门迎接国庆，谷口瀑布激流飞溅，水花奔涌，比平日大了许多。在不断升腾的水汽中，不少的游人在此流连合影，心情于是一下散漫开来。线路是固定的，根本不用担心走错。沿着蜿蜒的石阶在谷底行走，两边山崖，植物茂密，品种多样。有艳阳从树梢照过来，满眼是斑驳的色彩。好一个天然氧吧，深吸一口气，令人心旷神怡，神清气爽，山泉在脚旁欢快地流淌，了无牵挂，汩汩而去。这对深居都市的人们来说这简直是一种奢侈了。经过几次小憩后，终于咬着牙气喘吁吁登上了谷顶。此时，登高望远，满目苍翠，清风徐来，别是一番境界。人在最累的时候，大概是最接近成功的时候。坚持下去，前面就是新天。此时放弃，将会前功尽弃。想来人生也是如此。

一路走来，看过不少景点，有野猪林，有快活林，有太白醉酒等，大都粗糙，有拼凑之嫌，名不副实，没有留下印象。看来把一个景点做成自然和人文有机结合的路还漫长。

（2014年10月8日）

津门行

2009年8月11日至19日，我在天津参加城区支行行长培训。因曾在此求学，分外亲切。余暇到各处走了走，感慨颇多。信手记之，聊以自慰。

仲秋时节赴津门，梅开二度应不识。
车水马龙繁华城，人文荟萃形胜地。
南开园里气象新，天塔高耸入云端，
文化路上留古韵，海河岸畔夜看船，
食品街头有余香，劝业商场频解囊，
航母卧波叹惊奇，渤海无垠开胸襟。
把酒言欢同窗谊，世事沧桑朋友情，
细钻细研学习紧，入脑入心战略高。
惊鸿十日匆匆忙，还抛俗务爽爽清，
人生有梦梦何在，魂牵梦萦是津门。

壶口观瀑

浪涛奔涌呼啸而来，瞬间就到了你眼前，还未凝神，已了无踪迹。浪花翻滚着、撞击着，不留神却一下子跌入谷底。随后，一缕缕水汽在弥漫升腾，很快就出现了彩虹。

看惯了上游黄河的平缓，许多时候以为黄河是听话的孩童，温顺地依偎在大地母亲的怀抱。然而，到壶口，才见识了它的刚烈，它的桀骜不驯。离瀑布两三公里就可以听见如雷的水流声。穿过凹凸不平、岁月洗礼和被波涛雕刻的巨石，穿过惊喜的人群和无数采风的摄影师，一步步接近瀑布，一步步心跳加快。随着咿呀一阵惊喜后，壮丽的一幕就尽入眼帘。

壶口位于山西吉县壶口镇，隔河相望是陕西宜川县壶口乡，有桥连接两岸。据说两省都认为壶口是属于自己的，争夺冠名权。看得见对岸的观景平台上游客也不少，但因为角度原因，山西这边可能更好看。黄河到了壶口，两岸石壁陡立，河口一下收窄如同壶口，遂称壶口瀑布。

其实，关于壶口，关于黄河，古人留下的诗篇不少。唐代李白诗："黄河之水天上来，奔流到海不复回。"明时陈维藩《壶口秋风》："秋风卷起千层浪，晚日迎来万丈红。""风在吼，马在叫，黄河在咆哮"，人们熟悉的冼星海的《黄河大合唱》就是转战壶口时被美景感染而作。

观壶口瀑布要用眼睛，对眼睛是一种享受；更要用心灵，对心灵是一种涤荡，一种升腾。随行的同志告诉我，观瀑要蹲下身子，静下心来，慢慢地品味。浪花里看人生豪迈，浪涛里识民族魂魄。

水峪口

想不到除过五老峰之外,永济还有水峪口这么一个优美的所在。

9月24日一早和摄友二十余人,在摄协李学东主席和老连的带领下,到永济水峪口景区采风。过了水峪口村,后面就是中条山峪。景区内山峦叠翠,水流淙淙,沿着栈道一路走来,步步有景,处处怡人。最美的是瀑布,或飞流直下,或轻吟低诉;或阔如江河,或细若发丝。两边山势陡峭,裸露的岩石上由于不同地质年代,形成千姿百态的纹理,犹如毕加索的印象派画,或奔马,或走兽,或飞龙,让人惊叹大自然的造化。

摄友们乐此不疲,精心构图,悉心交流。下午两点,在恋恋不舍中下山,到聚贤山庄农家乐就餐,然后打道回府。

(2011年9月28日)

圣天湖拍荷花

早上起来，和老连、臧科长及路老板一行四人，驱车到圣天湖拍荷花。

连续三四年没有去过圣天湖了，其间，也有摄友邀请过，但都以种种好理由推脱了。其实最主要的原因是路难走且多险，受中条山的阻隔，芮城可能是运城所有县中的一个孤岛。从解州到芮城是必经之路，这条路要翻中条山，路窄、弯多，一侧是山，一侧大都是深沟。每年下雪封山后，路就不通了，在这种路上行进未免心怯。

出了解州，一上坡就能看到正在修的中条山隧道，周围已经架了一些高架桥墩。运城到灵宝的高速路将从中条山穿过。几年后芮城交通不便的状况将彻底改变。到山顶时大雾弥漫，我们小心翼翼，慢速推进，安全到达圣天湖。

尽管前几年已经来过，尽管已领略过荷花的风采，但还是被映入眼帘的美所迷醉。在黄土高坡上，在一望无际的湖水中，满目翠绿的荷叶在风中摇曳，或娓娓私语，或默默守望。那盛开的荷花，各有雅致。粉红的，亭亭玉立，卓尔不群；白色的，冰清玉洁，清香沁人。有游客坐在租来的小船上，在荷田间穿梭，陶醉其中。也有喜欢刺激的青年乘快艇冲浪嬉水。

美是美，但要拍出荷花的风姿却是不容易的。看着近，拍着远。不用长焦镜头还真拍不了特写。站在田埂上，仔细观察，认真构图，寻找精彩的瞬间。真要有突破很难，很多连自己都不满意。路老板干脆脱了衣服，跳入水中，直接走到荷花旁，上下左右开弓。

记得上次来正赶上荷花节开幕，四邻八村的村民都像赶集一样过来看文艺表演。看到妇女们头上都顶着一条遮阳的花手巾，觉得很有地域特色，就拍了一组特写，取名《晋南婆姨》，还被报刊采用，也算是拍荷花之处的收获。

不觉已是下午两点了，于是打道回府。片子不知拍得咋样，但大家都很高兴。起码，欣赏美，养了眼，呼吸了清新的空气，心灵也得到片刻的宁静。

（2010年7月29日）

遭遇疫情

疫情眼看一天天严重了。小区的东门、南门关闭了，人车都不能进出了，只剩北门一条通道。进出也要小区街道办的许可证。大部分的保安调到北门，轮流值班。他们佩戴红袖章，手拿测温仪，带着警惕的目光，神情严肃，对要进来的人测温登记，守护着小区的安全。生活还要继续，蔬菜、水果还是要买的。一些附近农村的小贩便开着三轮车，在小区门口卖菜，菜都是一份份码好的或装在一次性塑料袋里，或直接放在小盆里，用透明纸包好。清晨或下午的时候，一群主妇们戴着口罩在北门的栅栏门里边站一排，接过小贩递过来的菜，扫码付钱，也不讨价还价——所有人都明白，疫情期间能买到菜就不错了，价格质量都不好计较。

春节期间，突如其来的疫情打乱了生活节奏。本来全家安排正月初四要聚餐。每年就是这时候亲戚才能凑齐。老母亲就是核心，一直惦记着团圆的日子。腊月底就在小区门口的饭店订好了餐。随着武汉的形势一日紧似一日，在大年初一的时候果断退了餐，又一家家通知。虽然大家觉得小小的失落，但康健第一，只能各自安好。饭店事先交了一百元定金，去退钱时老板说，本来贮备了许多食材趁春节大干一把，现在眼看着要关门大吉，赔老腰了。请大家理解，不退钱了，以后开业后还可拿押金条就餐结算。三月初的时候，疫情稍缓解，政府通知饭店可外卖，堂食要测体温，每天消毒，每个包间不超五人，于是饭店都急不可耐又小心翼翼地开了门。终于，点了一些菜，拿回来在家吃，也换一下口味。两个多月来小区都是严防死守，下楼如临大敌，院里的几个菜铺尽管开着门，但菜品明显减少，各家的饭菜也就单调了许多。

本来过了春节就要上班，但因为疫情，一直推迟，车票改签了好几次。为安全计，省行各部门员工则是轮流值班，大约每天有三分之一的人在岗，其余的同志居家办公。机关食堂只供应午餐盒饭，各处统一领取。大约到四月，办公基本恢复正常，食堂进入正轨，我也从运城返回，终于可以正式上班。要感谢同事们，大家也一样经受压力，付出了辛苦，很多工作都没有耽搁。在家两个月，由着急无奈到渐渐适应。看了一些书，如《大清相国》《林肯传》等，对过去的一些摄影照片进行了整理，每天练练书法。还做了首打油诗，《居家抗新冠有感》云："朝与诗书共，暮听花草语。凭轩沐新风，困坐望日出。心忧千里外，江城可安好？前方鏖战急，病魔肆虐凶。扬眉剑出鞘，春潮扫澄宇。只盼捷报传，神州应无恙。何日送瘟君，把酒复欢歌。"

这首诗写于二月初，每天从媒体上看到武汉形势日益紧迫，令人揪心，看到军队和全国医务工作者千里驰援，又稍感欣慰。对武汉并不陌生，曾经去过两次，第一次和武汉的大学同学见面并聚餐，喝了叫白云边的湖北名酒。抽暇参观了湖北博物馆，登临了黄鹤楼，到长江大桥上溜达，看了东湖和武大。到户部巷的蔡林记吃过正宗热干面。尹同学专程从洪湖赶来，还拿了许多莲叶茶和莲子。第二次是去武汉培训，有深圳和北京的同学要看樱花，大家一约便聚在一起，加上武汉本地的同学共八九个，非常高兴，叙谈良久。九省通衢，交通便利，就是有这个优势。更幸运的是，春节前几天舍友吴同学从武汉给我邮寄了两箱柑橘。再迟几天可能就没有这个口福了。

乡村牌楼

有村庄的地方就有牌楼。

牌楼是乡村村名的标记,一般都默默矗立在村口或道路旁边显眼之处。

牌楼是乡村身份的象征。故无论贫富,无论人口多寡,乡村都少不了牌楼,而且都力争气派、大方。

牌楼是乡村经济实力的展示。有的富丽堂皇,描龙绘凤;有的因陋就简,竖两根电线杆子而已,贵在实用。这些牌楼一般由村民捐建,或有村委会出资修建,有企业或有成功人士捐助的村牌楼往往更壮观高大。

牌楼是乡村治理的缩影。从牌楼的做派,可以看出村级政权领导人的执政风格、班子的强弱、乡村管理水平的优劣,是政绩的表露,是治村理念的宣扬。

牌楼是乡村的广告。随着新农村建设和农村产业结构的调整,一些乡村已经有了自己的主打品牌,牌楼自然是很好的宣传阵地。如:路家庄的牌楼两侧文字为:路畅运通果香十里绕村舍,家和人美福运千秋泽后昆。牌楼上还画着桃果等,一看就知道村里的主打产业。其他的牌楼广告也见缝插针,做了不少。

牌楼是乡村文化的传承。牌楼、村活动中心、舞台等实际上是乡村文明的一个载体，除学校外是村民接受文化教育的重要渠道。许多牌楼年代久远，有一定历史渊源。温故知新，知祖先的荣耀，叫人热爱乡梓。新建的牌楼也在式样、书法上下了功夫，宣传政策，劝人奋进，更具教化意义。

牌楼是乡村发展的守望者。在外的游子，见了牌楼就如同到了家；放学的儿童在牌楼下嬉戏，欢度着无忧的童年；勤劳的村民在此走向田野，耕耘希望。更多的年轻村民从牌楼前出发，或金榜题名，异乡求学；或外出创业，追求致富梦想。牌楼是村民永远的心灵驿站。

解读牌楼，是一种乐趣；品味牌楼，需一种智慧。

（2010年8月18日）

探访虞坂古道

从张店镇政府旁的小路出发，绕过几个村子，穿过横跨高速路的桥梁，就到了虞坂古盐道。

首先映入眼帘的是草丛中矗立着的一块石碑，上书四行：全国文物保护单位，虞坂古盐道，国务院2013年3月5日公布，山西省人民政府立。据清代《平陆县志》记载，虞坂古道，因盐而生。本名盐坂，因地处古虞国地境，又名虞坂。始凿于西周，明御史张士隆修道可通盐车。有一段路是从青石山上硬凿出来的，故叫青石槽。崔铣《张御史治路记》：青石槽道险而狭如永然巷，长七里，自槽之南入陕州，中有曰张店，曰茅津者凡六十里，有土坂高二十丈，沟深则半之。两崖对立而中隘，正德八年御史凿石槽一丈有余，阔倍之，石槽平。又治张店、茅津，宏隘险峻，路已平。佣者杀其值，负者余其力，马行可驰，车可并两，行旅大悦。

《河东盐池碑汇·附录》载：河东盐运往豫省自古有一条专用古道，这一古道翻越中条山，道路崎岖，坎坷不平，"自上而下，七山相重"，其中虞坂路经青石槽，"石崖峻险，车不方轨"，经平陆县张店运往茅津渡口，装船横渡黄河，再运到陕州、三门、磁钟、张茅、硖石驿等地。该盐道从盐湖东郭镇磨河村底上，从张店镇坪头铺下山。全长约八公里。传坪头铺村名的意为，盐车一路颠簸，到此渐入平地，运盐人把车上盐重新分装，人和牲口在此歇息。再前面卸牛坪村，意为到此后面的路地势平坦，牛已完成运载任务，将盐从牛身上卸下。张御史还留《青石槽》诗一首："禹凿开盐坂，虞关借石岑。汗牛前事古，策马近行吟。泉蹬留天险，槐亭动夕阴。我惭空石志，谁识仰鸣心。"

历代文人雅士也留下不少诗文，金朝诗人元好问在《虞坂行》云："虞坂盘盘上青石，石上车踪深一尺。当时骐骥知奈何，千古英雄泪横臆。"明代诗人喻时也作《青石槽》："秋风虞坂小蓬莱，汉漫清魂飞九垓。孤势却成三晋险，削痕争道五丁开。路从缺屿连如断，人在回崖去若来。魏豹城南浑漫兴，巫咸台顶白云堆。"唐代胡曾《虞坂》："悠悠虞坂路攲斜，迟日和风簇野花。未省孙阳身没后，几多骐骥困盐车。"民国初年河东文人张文正写有《虞坂盐道车夫怨》，描绘了运盐车夫一对兄妹的艰苦和辛酸："汗湿衣衫冒热气，山风吹来腿打颤。挖刮庙前不敢歇，过往都留买路钱。锁阳关前槽坡陡，牲口盘坡吱扭扭。峰回路转人渐稀，过了鞍桥到渡口。"

时值深秋，空寂无人，分外苍凉。流连在最早的"国道"上，半尺来深的马蹄印、车辙沟，蜿蜒向前，两旁荆棘丛生。远去了马鸣牛嘶盐车铃声，远去了负重蹒跚盐夫背影。寻路，开路，赶路，路在脚下，翻山越岭，爬坡过坎，祖先的勤劳和不屈永远镌刻在这里的每一个石缝里。震撼感慨之余，我也写下打油诗："虞坂有古道，缘为运盐开；崎岖路难行，凹凸石辙深；遥知先祖苦，坚韧志四方。云静人迹渺，不闻车马声；芳草今又绿，野花独憔悴；心闲即神仙，空谷听山风。"

（2014年12月11日）

夜居小记

一阵阵汽车喇叭声，将我从睡梦中惊醒。仔细听去，原来是隔壁小区有人开车回来，进不了门，就一次次鸣笛叫门。此时，已是午夜两点。

许是门卫沉睡，许是听见了不愿起来开门，喇叭音从单声变成了双声，一会儿又成了合奏，分贝也顺便提高了许多。在万籁俱静的夜晚，毫无遮拦地刺激着人们的听觉神经。我无奈地把被角向上拉了拉，试图抵御这不期而遇的烦扰，心里却埋怨着：回来这么迟，又不跟门卫提前打招呼留门。太影响大家了，在车里打个盹算了。

"老刘！""老刘！"一个粗声粗气、语带愤懑的声音又飘了过来。看来，鸣笛没有起到作用，这个人又练起了嗓子。间或打着饱嗝，似乎有一股酒精味在空气中弥漫开来。

"还是罚他蹲马路吧！"我记得小区门口的牌子上醒目地写着十一点关门，作为住户都应知道。

真希望门卫用好这拒绝的权力，而且越长时间越好。唉，看来，一百年只能出一个贵族，此言不虚。这样想着，睡意顿然全无，拧开灯来，随手抽了张报纸，翻了起来。

不知哪一家的狗又叫了起来。

（2010年5月4日）

誓为家乡添光彩

各位同学，如果说过去的工人阶级是凭着熟悉的《国际歌》曲调就能找到自己的同志和朋友，那么今天我们相聚在一起，凭着一口熟悉的乡音，必定能够找到知音和友情。首先我代表86级全体同学向今天光临的各位表示深深的谢意。

在座的各位不管是低年级的，还是高年级的，不管是以前熟悉的，还是刚刚认识的，我们都是怀着共同的追求和理想来到海河之滨的南开大学来求学。在这远离家园的地方，在这茫茫人海中，每次听到熟悉的乡音，就感到无比亲切；每次见到老乡的面孔，心里就有盈盈的暖意。是故乡情，将我们联系在一起；是朋友间的关怀，使我们过得充实。

作为运城人，肯定都以出生在运城而感到自豪，肯定都很熟悉运城悠久的历史。古河东这片大地，物华天宝，人杰地灵，孕育过无数志士仁人，成长出众多文人骚客。谁能忘记司马光的《资治通鉴》，谁能忘记王勃的"海内存知己，天涯若比邻""落霞与孤鹜齐飞，秋水共长天一色"这千古名句。谈古鉴今，如果说过去一批又一批杰出人才从这里涌现，那么今天我们作为河东一员，必将创造出比之前人更加辉煌的业绩，为我们的家乡增添光彩。

不久的将来，我们就要走出校门，走上工作岗位。参加今天这样的聚会也许是最后一次了。此时此刻，有许多话想向大伙说。回顾过去的大学生活，我们心潮澎湃，思绪万千。几年来，我们虽然刻苦努力，顺利完成了学习任务，取得了一定成绩，但是还存在许多不足与缺陷；更使我们惭愧的是，作为老大哥、老大姐，我们没有很好尽到职责，对低年级的同乡在生活上、在学习上照顾不周，关心不够，我们感到于心不安，还请多多原谅。我想，我们的分别只是暂时的，友谊却是久长的。总有一天，你们也会走出校门，我由衷希望我们能加强联系，精诚团结，携手共进。

"雏凤清于老凤声。"几年来，我们也从你们身上学到了不少东西，比之我们，你们更有生气，更有希望，衷心祝福你们能珍惜时间，努力学习，取得优异成绩。今天我们是桃李芬芳，明天我们是社会栋梁。愿我们下次相聚，举杯欢庆时，都无愧于养育我们的河东大地。

注：本文系作者1990年南开大学毕业时在运城籍同乡欢送会上的即席演讲。

（《运城日报》2002年9月6日）

愿友谊永远珍存

尊敬的老师，亲爱的同学，今天是我们106班全体同学永远值得铭记的日子。在离开母校二十五年后，我们又欢聚一堂，喜庆重逢。此时此刻，我们心潮澎湃，激动万分。

二十五年来，同学时代的友谊永远珍存。曾几何时，我们怀着共同的理想和追求来到母校求学。历史让我们这些热血青年有幸聚集在106班的旗帜下。我们由陌生到熟悉，由相识到相知；我们朝夕相处，学习上相互帮助，生活上相互关心；我们评论国是，激扬文字，挥洒着骚动的青春。短短三年，建立了深厚纯洁的友谊。从那时到现在，在茫茫人海中，每次听到老同学的声音，就感到无比亲切；每次见到老同学的面孔，心中就有盈盈的暖意。是故乡情将我们联系在一起，是同学爱使我们的人生过得充实。

二十五年来，老师的殷切教诲永远感恩。人的一生最难忘的除过父母，就是老师。在校时，各位老师起早贪黑，任劳任怨，语重心长，循循善诱。教我们做人，春风化雨；教我们知识，润物无声。他们是辛勤的园丁，浇灌着待放的花朵；他们是燃烧的火炬，照亮了我们前行的道路；他们是人生的楷模，铸造着我们的心灵。二十五年来，我们或有机会与老师相见，或无暇再会，但师恩难忘，永在心间。

二十五年来，我们奋斗的足迹永不停息。走出校门后，我们互道珍重，含泪分手，各奔东西，踏上人生征途。我们从零起步，有欢乐，有艰辛，有失望，有泪水，终于走出了自己的人生路。而今，有的耕耘在希望的田野上，收获了金色的果实；有的奔波在轰鸣的车间里，描绘着建设的蓝图；还有经济界的骨干，医疗界的权威，教育界的模范，科技界的先锋，市场经济中的弄潮儿。在祖国的各条战线，各行各业，我们都用汗水、用忠诚抒写着人生。职位或高或低，财富或多或少，成就或大或小，但我们都可以无悔地说：我们因106班而自豪，106班因我们而骄傲。同时，在二十五年的漫漫岁月中，同学们相互关心、关爱、扶持，一直伴随着我们，激励着我们。一句话，一辈子，一生情。

今天，我们相聚，既是重温友谊，又是加强交流。在未来的日子里，愿大家心连心，手拉手，携手共进。不论身在何方，加强联系，互通信息，精诚团结。有友谊相伴，我们的视野会更开阔，拼搏会更豪迈，人生会更精彩。但愿我们下次相聚、举杯欢庆时，我们大家都有比之以往更加辉煌的成就，以回报我们的母校，回报我们106班。

最后，还要感谢文奎、玉奇等同学，是他们的努力才有了我们的相聚。还要感谢所有的同学，在百忙中不辞辛劳甚至不远千里赶来，是你们的支持才有了我们的团聚。

预祝我们的聚会圆满成功，祝各位度过一个美好的时光。

注：2012年正月初五在原山西万荣中学106班同学聚会时的发言，标题系作者自拟。

观龙门石窟有感

2011年5月10日,在农行河南分行和洛阳分行同仁的陪同下,参观了龙门石窟。在欣赏了佛教石雕艺术美的同时,又感人生之短暂,生命之神奇,天地之永恒。所拍的一张照片颇合吾心境,于是试作小诗:

伊水清幽修身处,
龙门高耸弘法地。
岁月留痕千载去,
芳草依旧染新绿。

看春游"圣天湖"有感

2017年"三八节"之际,农行运城分行机关组织到芮城圣天湖畔健步走。看活动图片后,有感记之。

何处觅春光?
圣天湖畔。
碧水白沙云飞扬,
欢声笑语歌嘹亮!

要问谁最美?
唯我农行。
脚底生风健步行,
泛舟极目天地阔。

我自豪，我是农行人（朗诵词）

我自豪，我是农行人
我自豪，我是农行人
农行一个朴实而无华的名字
农行一个厚重而无悔的选择
这里，有智慧而坚强果敢的领导班子
这里，有团结而朝气蓬勃的员工队伍
这里，有搬掉亏损山的喜悦
这里，有走出地平线的兴奋
这里，有优美的环境
这里，有创新的激情
这里，我们把青春张扬
这里，我们把理想放飞
这里，2500名员工挥洒着热血
这里，河东农行人谱写着与时俱进的乐章

然而，
成功的背后浸透了泪水
鲜艳的花环写满了艰辛
曾几何时，我们也曾拼搏

十余年来，我们也曾追求

但计划经济带给我们无数的辛酸

专业银行体制使我们收获了太多的无奈

于是，大锅饭养懒了员工

铁交椅惯坏了干部

于是，越放越多的是不良贷款

越垒越高的是亏损大山

运城农行出路何在？

全行员工前途何系？

面对困境，人们呼唤着希望

坐守长夜，人们盼望着曙光

市场经济的浩荡雄风吹散了满天乌云

商业化经营拨正了农行前进的航向

机遇来之不易

挑战必须应对

新的党委一班人运筹帷幄，深谋远虑

以市场为导向，以客户为中心，以效益为目标

成为我们的经营战略

扎扎实实打基础，点点滴滴创效益

是我们经营纲领

全年无淡季，天天旺季是我们的指导思想

全力清收不良贷款

全面提高经营效益是我们的经营重点

走出地平线，搬掉亏损山

第一次响亮地回荡在全行的上空

变成了全体农行人的誓言

树立新形象，建设新农行

从此拉开了波澜壮阔的序幕

化作了全体农行人共同的追求

扭亏增盈路千条

组织资金是先导

我们深入开展优质文明服务活动，使客户如沐春风

我们实行集约化经营，16个明星所柜托起了增存半壁江山

我们用声势浩大的宣传擦亮了农行金字招牌

我们与同业密切联系

抢占了市场先机，壮大了资金实力

三年来全行存款净增16个亿，余额达到48亿

我们坚决贯彻双优信贷战略

构建了一批优良客户群体

我们全力支持农业产业化建设

河东农业迎来了生机盎然的春天

我们向旅游、教育、交通、电信、城市基础设施渗透

提升了经营层次，增加了盈利空间

我们突出营销低风险贷款

票据贴现从无到有，从小到大

累计办理8个亿，实现了历史性的跨越

要买车，找农行

汽车消费信贷已成为拳头产品

累计售出工程车、小轿车、客货车1000余辆

圆了河东老百姓的汽车梦

我们创新信贷方式完善运作机制

减少中间环节,提高工作效率
我们认真落实信贷新规则
全面展开了新世纪、新贷款、新质量活动
不良贷款像一把把锈锁
每一笔收回的背后都有一个个可歌可泣的故事
挂点盘活,领导干部带头抓
落实责任,四岗清收靠自觉
分账经营,收贷大队探新路
绩效挂钩,联酬承包威力大
信贷人员发扬蚂蚁啃骨头精神
不畏艰难,连续作战
抢救了一笔笔资产
创造了一个个奇迹
终于化腐朽为神奇
终于变坎坷为坦途

到更大的市场去运作
到更高的层次去竞争
我们面向大市场,开辟新战场
我们不忘老客户结识新客户
代理保险,全面推开
系统客户不断开发
代收代付步步深入
工资存取方便快捷
国际业务独领风骚
金穗借记卡路路畅通

开放式基金正在发行
房地产信贷逐步介入
中间业务连年增加

经营成果要实现财务核算是关键
我们早抓常抓，天天收息不放松
我们多方并举，常规专项齐头进
我们挖库存销挂账压缩非生息资金
我们严控费用将好钢用在刀刃上
敢立潮头唱大风
还靠科技来支撑
新一代系统成功切入
使全行业务驶上了快车道
信贷管理系统的运用
极大解放了生产力
电话银行、网上银行
给服务插上了金翅膀
通汇宝实时汇兑
按你所需瞬间到达
办公自动化上下联网
各种资源都可共享
行行相连，网网相通
网络优势变成了效益优势
我们创新经营机制
加大了改革开拓步伐
实行扁平化管理转变机关职能

人人都是客户经理，个个都要创造效益

改革分配制度

将工资向效益高的单位进行倾斜

引入竞争机制

不断推进用人制度改革

我们稳健经营强管理

从严治行迈台阶

会计监管进一步规范

基础工作努力创"三铁"信誉

我们加强了内控建设，有效防范风险

纠改了问题，堵塞了漏洞

我们树立了安全经营思想

连续十年安全无事故

对各种案件我们从不手软

深挖细查，严打违规

为业务经营创造了一个健康有序的环境

以党建为龙头我们加强班子和队伍建设

一批年富力强、业务过硬的年轻干部充实到班子中

思想道德教育活动有效开展

全员政治和道德素质明显提高

企业文化建设稳步推进

丰富了员工生活，激发了工作热情

市行办公楼拔地而起

家属楼相继竣工搬迁

后勤保障井然有序

基础设施大大改观

我自豪，我是农行人

我自豪，我是农行人

我为农行的辉煌业绩而自豪

我为农行的美好明天而自豪

十六大胜利召开给农行发展带来了前所未有的机遇

"三个代表"飘扬的旗帜给我们指明了前进的方向

发展要有新思路

改革要有新突破

解放思想的农业银行一定能

把握机遇，再创辉煌

与时俱进的农业银行一定能

乘风破浪，勇往直前

在农行广阔的大舞台上

每一个有志的农行人都应该奋发有为，大显身手

在时代汹涌的大潮中

每一个有为的农行人都应该拼搏努力，实现价值

用我们的双手去创造

用我们的执着去播种

让我们的理想放飞

让我们的青春无悔

我自豪，我是农行人

我自豪，我是农行人

我自豪，我们是农行人

（写于2003年）

庆"三八"有感

2018年3月6日，在"三八节"来临之际，我作为工会主席带队组织运城分行机关联合夏县支行共150余人到夏县格瑞特酒庄、山西宇达集团参观学习，了解了红酒、青铜文化。此次活动得到时任夏县支行的王红朝行长大力支持。以诗记之。

斟一杯美酒
让人生
激情豪迈

品一园青铜
让留恋
魂牵梦萦

吟一首古诗
让征途
四季如歌

揽一缕春风
让心灵
芳草茵茵

送一串祝福
让美丽
永远绽放

道一声珍重
让友谊
地久天长

（2018年3月6日）

看见春天

2020年春节,疫情忽起,居家达两月余。唯盼春风浩荡,送瘟神,还澄宇。作小诗,以抒怀。

没有哪一个春天
注定会
风和日丽
少不了
有雪
依旧肆虐
有风
依旧刺骨
有雨
依旧冰冷

那么,我愿意:
在漫天雪花铺就的
苍茫大地上

起舞
在呼啸寒风席卷的
无边旷野中
放歌
在瓢泼疾雨笼罩的
撕裂帷幕前
吟咏

然后，耐心等待
雪融的时候
泥土就会苏醒
风柔的时候
杨柳悄然吐绿
雨润的时候
小草竞相发芽

让雪疯吧
让风吼吧
让雨浇吧
我看见
春天，她
用肩膀
用胸膛
用手脚
抗争着
摔倒着

蹒跚着

微笑着

一路

向我们走来

注：此文于2021年7月获中国农业银行"永远跟党走"主题文艺作品征集优秀奖。

送张利军主任赴任新疆

2022年4月，省分行办公室张利军主任荣调新疆兵团分行副行长，既是同事，又是校友，可喜可贺，随记之。

饮水津门是兄弟，
并肩三载情更深。
太行昆仑两相望，
汾水天池一线牵。
花开四季成大美，
歌唱八方才豪迈。
何须折柳赠故人，
自有春风伴君行。
飞蓬千里正扬帆，
鸿雁归来报佳音。

种树

2022年3月26日,办公室支部的同志们周末在后院种了两棵樱桃树,我也参加。遂作小诗以记之。

杏花已白
桃花已红
憋了一冬的小草
也换上了嫩绿的
新衣
大地
用争先恐后的色彩
迎接一年的开场

是时候了
垦下一方地
那泥土的芬芳
飘散
我听到了

胸口的欢快

感受着

脚底的厚重

汗水

滴下来

滋润久枯的心田

于是

种下一棵樱桃树

等待着

燕子归来的季节

从那沉甸甸的枝头

摘下火红的

玛瑙

串成一个个灯笼

点亮

往后的

每一个日子

（发表于《运城晚报》2022年4月15日）

并州杂记

一些并州的事和写在并州的事

> "把脚印留下,把记忆带走!"并州三载,余暇信笔涂鸦,以抒胸襟。虽是零散片段,总是岁月鸿爪。

一、花与草

四月的时候,楼前的丁香花开了。老远就能闻到香味。这一排丁香树,有七八棵,应该是伴着干校的成立而种植的,想来也有二十年以上。丁香树的根弯弯曲曲,树皮粗壮,分出几个枝干,有五六米高,像一把张开的伞。我在二楼的窗边几乎能够得着。绿的叶,紫的花,繁茂淡雅,很是养眼。早上,尽可能大地打开窗户,一股醉人的清香立即扑面而来,刺激人的嗅觉,使人驻足流连。据说,丁香的花语是青春时期的回忆、惹人怜爱、轻愁,怪不得诗人戴望舒在《雨巷》中如是说:"希望逢着一个丁香一样的姑娘,有丁香一样的颜色,丁香一样的芬芳,丁香一样的忧愁。"前人栽树,后人乘凉。此刻,只想感谢当年植树者的劳作,给现在的岁月增添了这么多的阴凉和缤纷。

三楼小教室要粉刷,保洁员把里面的几盆花端出来,临时摆放在水房的窗台上。除过两盆绿萝外,还有一盆是吊兰。许是很久无人照看,都无精打采，恹恹的。我的房间有两盆绿萝，是刚来的时候干校领导送的"温暖"。每天早上浇点水，困乏时养养眼。因了绿色，简陋的房间便有了生机。毕竟植物也是有感知的，比如浇点清水，它的叶子就立马清亮开来，晚上悄悄地生长。看到一段时间水房的花无人理会，已经有许多枯叶了，就忍不住给保洁员打了招呼，把吊兰拿回宿舍照看。先把枯叶子拔掉，再把其他叶子上卷起来的干尖尖小心修剪好，找了个笔杆，把花盆里的土松一松，然后打些清水，一点点灌进去，摆放到向阳的窗台上。中午回来，一进门便觉神清气爽：吊兰的叶子开始舒展，浅黄色的盆，葱茏的绿，在和煦的阳光映衬下，一切都那么醒目。我甚至不愿挪动脚步，想把这盎然生机，把这岁月静好留住。

于是每天便有了一份牵挂。早上把花盆摆放到向阳的窗台，中午挪个角度，以便花的各部分都能均匀接受光照，晚上又把花收回来，又怕冻着了。上班穿过草坪的时候，看见园丁把满地杨树落叶归拢到一起，还以为要点火烧掉。园丁说，烧掉就可惜了，树叶粉碎后下到地里还是很好的有机肥料。受此启发，再有枯叶时，我就拿剪刀剪碎，撒到花盆里。十几天后，奇迹不断出现：吊兰伸出了三四个长长的叶梗，叶梗上有了一簇簇、一丛丛繁盛的花苞，很快开出了许多白色的小花。这些小花有六个花瓣，伸出六个黄黄的花蕊，素雅而不艳丽。凑过去使劲闻闻，有淡淡的芳香，心情顿时润朗起来，小屋也不再灰暗单调，这个冬天也温暖了许多。

前几天，老史回机关办事，回去八九个月了，是第二次来，在宿舍住了一宿。第二天一大早，他端来一盆花，说他来得少了，花送我。以往留下钥匙，偶尔有同事进去给花浇水。老史给我的是盆吊兰，我的窗台上本来就摆了一盆吊兰，这下两盆放在一起，一下子密密实实，长长的枝条伸展下来，立刻像流淌的绿色瀑布，房间顿时添了无限生机。

办公楼后院靠西的地方有一块草坪，有十多亩。正值盛夏，远远望去满目翠绿，给人心中增加了一丝清凉。省会城市寸土寸金，各家单位人员虽然身居广厦，但属于自己的公共活动空间一般很少。有这么大一片绿地，简直是个奇迹。原来单位在闹市区，离省政府不远，高高一栋楼，后院只有巴掌大一块地方，车辆回转都困难，绿地自然是见不到的。后来要装修，临时搬到相对偏远的河西——原来的干校，就是现在的培训中心了。二十多年前这里还是城郊，门口是泥泞的土路，对面是大片树林子和农田。现在四周已经高楼林立，密不透风了。虽然办公空间拥挤了，但活动空间大多了，也算因祸得福。

后院东边是操场，早晚绕着跑道锻炼的员工不少，还有网球、篮球设施，晚上经常有呐喊声，热火朝天。偶尔也有兄弟单位过来友谊赛。特别是停车很方便，前后院加上边边角角，停百十辆还是可以的。西边是大片的草坪，靠近围墙的地方有一条五六十米的土路从中穿过，在全是混凝土覆盖的后院，这是唯一可以接地气的地方，估计走的人多了便成了路，这样就形成了一个狭长的三角地带，算是果圃吧。除过两棵槐树和高大的白杨树，还有桃树、枣树、杏树、海棠等一二十棵树。桃树上挂着桃子，不大也不精神。海棠树瘦小，果实却繁多。小枣树上结出几十颗碧亮翠绿的枣子，沉甸甸的，还没有"红眼圈"，但令人"嗓子发痒"。

草坪则是另一番天地，像碧绿的毯子，平展展地铺在地上，茅草中夹杂有一丛丛粉红的打碗花、金黄的野菊，还有一些高高的杆儿顶着一朵白绒球的蒲公英，狗尾巴草则毫无遮拦地耸立着。如果停下脚步，俯下身来，立马仿佛置身于北方辽阔的草原，忽然给人片刻的宁静，心旷神怡，宠辱皆忘；而在雨后，花草和泥土的芬芳，则扑面而来，沁人心脾。早上，有三五只鸽子在悠闲散步觅食，麻雀也来赶场，不停地跳跃叼啄，还有蝴蝶，上下翻飞，自在起舞。晚上，蟋蟀不知藏在哪儿鸣叫，声音分外清脆。哎，这个乐园，还不知演绎着多少动物和植物的秘密和趣味。每天清晨，沿着蜿蜒的小路上班，迎着朝霞，我看见草尖闪闪透亮，知道那是露珠，于是心儿也湿润了。

二、苦与乐

机关院子西边围墙尽头有一排高大的白杨树，十多棵，一阵风吹过，叶子便沙沙作响，像无数的刚跳出水面撒欢的小鱼，不断地翻腾着。只是围墙有些年代了，一些地方残缺破旧，倾斜塌陷，后勤部门组织工人进行了加固维修。围墙外是一个家具城，人来人往比较杂。以前来太原出差，休息时去过几次。印象中除了家具还有卖古玩字画的。四周的橱窗则展示着许多烟标。有以地名为主题的，如《兰州》；有以花卉为主题的，如《红梅》；有以山脉为主题的，如《红塔山》。总之，嵌在玻璃框子里，蔚为大观，琳琅满目，想来收藏真不容易。

家具城近来生意不太好，听说按市政规划要拆除。某一日，单位开大会，领导正在讲话，忽然一声巨响，大家惊慌失措，以为是地震，散会后，才知是家具城定向爆破，几栋楼已经被拆掉了。巨大的气浪把单位刚砌好的围墙撕开了许多口子。许是洒水没有跟进，一些尘土也纷纷扬扬飘洒过来。单位于是在豁口处拉了一些铁丝，作为阻挡。又过了一些时日，待外边爆破垃圾清理完后，将围墙结结实实地重新修了一下，足有一丈高，威风了许多，遮住了外面的喧嚣和风云。有人就打听说，隔壁可能要开发住宅小区，单位一时半会儿也搬不走，能在这儿买一套，上班就太方便了，就是价格肯定要上万了。

宿舍是原来本系统干部中专学校的学生宿舍。已经多少年不招生了，几番变迁，现在主要是供短期培训的学员临时住宿用。名称也改了几次，先是简称干校，后来是培训中心，最近又叫研修中心。因为条件简陋，宿舍里不带卫生间，水房也不便洗澡，所以一些人在宿舍的服务员处报到后，领了脸盆、毛巾、牙刷等洗漱用品，又悄悄在单位外的宾馆住。现在常住的人员主要是从基层调回来的及一些部门临时借用的，有十数人。调回来的几个人，有提拔回来的，有交流回来的，等等，为方便都住在二楼。夏天到了，蚊子不知从什么地方冒出来，逐渐增多，每天驱赶蚊子，爬高摸低，或拿报纸，或拿毛巾，有拍住的，有屡攻不下的，也是小小的战斗。小崔则偃旗息鼓，干脆支起了蚊帐。墙上痕迹斑斑，积累了许多蚊子的残缺的肢体和发黑的血迹，应该有一些年代了。今夏，蚊子又按时来了。借来一桶灭害灵往房间里喷了几次，安宁了两天，还是有蚊子，只是没有把蚊子治住，把人倒熏得不行了，大家就不愿再喷灭害灵。于是向服务员要了蚊香，效果还好些。尽管蚊子还在，但昏昏沉沉，闹腾劲到底小了很多。

近读《浮生六记》，看到清人沈三白在《闲情记趣》中写道："夏蚊成雷，私拟作群鹤舞空，心之所向，则或千或百果然鹤也。昂首观之，项为之强。又留蚊于素帐中，徐喷以烟，使其冲烟飞鸣，作青云白鹤观，果如鹤唳云端，怡然称快。"吾等俗人，沈三白雅士的境界注定达不到。静夜，正眠间，有蚊如轰炸机一波波俯冲而来，听声音便可知蚊子的大小，在耳边脸面肆意盘旋，伺机下手。又亮灯起床寻找，不见踪影。入睡，忽又来，不胜其烦。想起一个家乡万荣的笑话，说的是安安被蚊子咬了多次，就买了蚊帐。晚上安安把蚊子都赶到蚊帐里，然后关严，自己则躺到沙发上睡觉，得意地说，这下总要把蚊子饿死。我想，这多少有点阿Q的"精神胜利法"，也算自娱自乐。

时令已进入初冬。

晚上下班后，机关大院一片寂静。在喧嚣的人群中未必就不孤独，这片刻的宁静无疑是一种享受。正好有时间练字看书，除过和楼层几个单身汉聊天外，绕着宿舍周围散步成了每天规定动作，偶尔也打打乒乓球，水平不高，只为出汗。本来在操场锻炼就挺好，好不容易有个方方正正的操场，绿茵茵的，平展展的，还有塑胶跑道，每天晨练员工不少，但自己心里很排斥，很少进去。一来，有次来省行开会，中午休息时在操场散步，不想塑胶步道旁还藏有下水沟，没看见，一条腿陷了下去，幸好附近锻炼的人拉了一把。二来，夏天路过操场时，塑胶被暴晒后，散发出刺鼻的味道。从此，决定不再去操场，尽管近在咫尺。

于是就另选一条线路，出了楼门，向东经过餐厅从后面绕过去，经过家属院的门口，然后是三号楼，最后回到出发点。走一圈大约四百米，也相当于操场的一圈。这条路比较有趣，也有风景，不像去操场，只是机械转圈。一般是晚上八点多开始散步。门口配电房的墙上挂着一个大射灯，照得后院几十米外都有光亮。走过这儿时，灯光留在身后，逆光下，水泥路面上立即就复制出一个浓黑的影子，我动它也动，越往前走，影子越淡，但却不断高大起来，最后拉长到一二十米，然后消失。于是，感叹只有在这如梦的幻影中，自己才会变成巨人。

食堂左右两旁新装了射灯，水泥地砖照得惨白，远远看去，仿佛地上覆了一层白霜。走到食堂后门的时候，还有亮光，夏天时总有一两个穿白褂子的小伙子坐在门口玩手机，冬天则坐在里边。一辆送菜的面包车八点半准时而来，调好头，车后备厢对准门口倒过去，开启后备厢，小伙子七手八脚地从车上把各种蔬菜卸下来。然后，面包车飞驰而去，小伙子关灯锁门后，一眨眼就无影无踪了。前后就几分钟，一气呵成，默契无语。

前面传来乐曲声，渐渐由小到大。脚步也轻快起来，不由自主地跟着节拍走着。到家属院门口了，隔着铁栅栏门，能看见八九个中老年妇女，穿着羽绒服或棉衣，包得严严实实，在灯光下耸肩扭身，左右摇摆，跳着广场舞。一个小音箱放在门卫室前，声音不大，太大则影响小区学生写作业，就有扰民的嫌疑了。她们大抵是原来干校的老师或者家属，每天晚上八点准时来跳，九点结束，风雨无阻。最近一两个月却不见舞者的身影了，保安说小区正维修，临时转移到临街的门口了。好在崭新的沥青小广场已铺好，一切又恢复如常。这道门平时总关着，只有特殊情况才开，比如机关前门出不去了。一群儿童仿佛不知道寒冷，在人群中穿梭打闹。看见有人过来，就隔着铁栅栏上的网丝孔挤眉弄眼。

这些大都是老歌，《敖包相会》《边疆的泉水清又纯》《真的好想你》几曲，尽管唱不全，总还记得三两句歌词，跟着节奏哼哼，也有不会唱的。隐隐听见温软缠绵的曲子，唱的几句是：太阳下去明早依旧爬上来，花儿谢了明年还是一样的开，美丽小鸟一去无影踪，我的青春小鸟一样不回来，我的青春小鸟一样不回来……随着歌声，几个妇女弯下腰，伸出去的手臂很夸张地一点点回收，似乎也想把自己的青春小鸟追回来。我笑着，忽然想起十年前，调离平阳欢送告别时，自称没有音乐细胞的自己，还对着大家，用张学友《祝福》中的歌词做了告别，至今还像昨天，在脑海回荡。那就是："伤离别，离别虽然在眼前，说再见，再见不会太遥远，若有缘，有缘就能期待明天，我和你重逢在灿烂的季节。"

二号楼和三号楼西侧的一间屋子灯光亮着，这是机关的一个乒乓球室。透过窗子可以看到，两个年轻员工你来我往，正打得热火朝天，其中一个光着膀子，汗流浃背，脖子上搭了条毛巾。外面寒风袭人，里面热气腾腾。看来青春无惧季节。

当然，还有风景。

出楼门，站在一号楼的台阶远远望去，几十米外的正前方就是机关的办公楼。楼的东西三层逐步收缩，在灯光的映衬下恰似一艘停泊的大型客船。沿着一至八层外墙布置的景观色带，闪着红红的微光，像极了船舷，那一格格窗户里，自然就是满载的客舱。楼顶上竖立的通讯杆子，就像船的导航雷达，白色的水箱也好像塔台。这样，栖息在此的每个人，想来必定是这客轮上匆匆的过客。

寒风在耳畔撕咬着，心中的浮躁却一点点抽离，思绪也盘旋飞扬。停下脚步，立定站下，让自己沉静下来，认真地放眼打量，瞬间觉得这冬夜其实也别有风情，尽管没有春的明媚、夏的热烈、秋的繁盛。尽管每天的夜可能也原本如此，但或许已习以为常，从来没有真正顾上瞥它一眼。此刻，看弯月似钩，看数点星光，看远处高楼万家灯火，看近旁数棵寒树瑟瑟。间或有猫忽然从树间蹿出来。光秃秃的白杨树直刺夜空，树梢发白，更显高大孤寂。没有了叶和花的丁香树，树干弯曲盘旋，树皮满是皱褶，像饱经沧桑的老人的脸。枝条脉络分外清晰，像一把张开伞的骨架。柳树的树干黑魃魃的，嫩枝向上，在夜空映衬下，如丝如缕，像极了铺开的毛细血管。丈余高的塔柏却不惧严寒，依然翠绿挺拔；只有金银木树上红色的小果实闪烁晶亮，像红色的玛瑙或是挂着的小红灯笼，在朦胧的灯光中特别耀眼。夏日茂盛碧绿的大草坪，此时衰草连天，一片萧瑟。沉寂的夜，其实并不单调，也有它的节奏，也有它的声音，也散发着一种和谐之美。忽然想起顾城的诗句："黑夜给了我黑色的眼睛，我却用它寻找光明。"回到宿舍，随手写了几句：寒风吹星遥，疏枝窥月明。枯草摧陈叶，静卧思春归。

食堂就在后院，原来是学校餐厅。进门的门厅墙上挂了一些制止餐饮浪费和食品营养介绍的版面。一楼大厅正中有五六排桌子，一排放七八张，柱子旁边还有不规则的几排，一张桌子连着四把椅子，这样下来，可同时供近二百人就餐。其实，有再多人也不怕，从餐厅东边走廊穿过去，还有一个小餐厅，平时一般不用，基层培训人员多时，单独开放。何况，机关六百多人并不是同时用餐。有的回家吃饭，有的中午干脆不吃饭，三两人出去到单位周围的场馆游泳或健身。如果有各种检查组或外部客人来，就在大厅用屏风简单隔出一两排桌子来。大厅西边有个小餐厅，领导平时在此就餐，也是自助餐，只是安静一些。

疫情发生后，机关轮流值班，中午餐厅只能按人数供应盒饭。正常上班后，餐桌改造了一下，桌面上粘了透明的塑料隔断。这样，面对面交流不方便了，而且一张桌子只能坐两人了，一下子餐厅就少了一半座位。为了缓解压力，各部门错时就餐，从十一点四五十就可开始吃饭。靠里面的一两排座位因为离窗口近，取菜方便些，吃完回盘时也少走几步路，一般处级干部坐。处长们中午往往十二点过后迟上十分八分才从容地去吃饭，有些人是因为忙，走不开，还有些人不愿人多时排队。有些相熟的女员工则形影不离，吃饭时也总要尽可能坐在一起，边吃边聊天。

食堂是外包的，负责人是高君，一个年轻人。每天收拾得很利索，穿着白大褂，戴着厨师帽，在餐厅坐镇指挥。一会儿叮咛服务员加菜，一会儿到小餐厅招呼检点一下，看领导们有什么吩咐。每周一就在员工群里公布了一周的菜谱，门口的架子上还贴了两张。菜品区和面食区成丁字摆布，五六个年轻女服务员不停地往碗里添菜。大家先从摆在一起的高高的盘子区拿上一个长方形盘子，从筷子机中抽出一双筷子来，然后就沿着一个铁架子循环依次选取菜品，最后是主食和汤，然后就可以开吃了。一两个洗碗工则在收盘窗台前紧张忙碌着。

进餐厅首先要刷一下饭卡，现在改成人脸识别，更简单了。真正要靠脸吃饭了，这是智慧食堂的开始。猪肉涨价后，如果带外人就餐，刷第二次，价格就自然提高几块钱。菜品还是很有特色的。每天早上，饼子不重样，有香葱烧饼、白糖饼、麻酱烧饼、糖火烧、油旋饼，还后有豆浆、牛奶、米汤、豆腐脑、和子饭。和我住在一楼的张君每天要喝其中的三样，我们开玩笑说："三碗不过冈。"中午吃饭的人比较多，菜也丰富一些，荤素搭配。面品有炸酱面、浇卤面、羊汤面、油泼面、焖面等，有时候还有酸奶和小苹果。下午只有少数单身或要加班员工就餐，服务员也只留下一两个招呼。经常还加工一些肉食、花卷、馒头，很多员工都预约购买。炸的酸奶麻花，香甜酥脆，很抢手，刚出锅的照片在员工群一展示，就很快订完了。

吃饭时，各有吃相：有的慢条斯理，细嚼慢咽；有的急性子，很快就拨拉完了，风卷残云，反正吃进肚子再分类消化；有的不愿排队，直接到面品区，吃碗面就行；还有打包带走的。不过许多人吃饭、打饭都受童年或家庭的很大影响，多少都留着深刻的饮食习惯。来自不同的地域，影响就更明显了。比如，北面的同志爱吃和子饭，来自晋南的员工离不了馒头。有的吃饭时，手机放在桌边，眼睛不离屏幕；有的仔细看着饭桌上方悬挂着的电视，了解一下新闻。

当然，也有人吃完饭把东西落在饭厅，主要是喝水杯、资料袋、钥匙串、雨伞、饭卡——现在已不用着饭卡了，大多数时候有惊无险，出门儿就想起来，立即转身去拿。还想不起来的，随后就有服务员或其他同事在群里贴上照片，失物招领。

圣诞节的时候，餐厅挂了一些彩色气球，增加了水果沙拉、鸡腿等，气氛很热烈。高君还扮作圣诞老人，戴个带白毛边的大红帽子，布置了麦克风，站在大厅，唱了两曲，样子很飒。

制止餐饮浪费活动开展后，餐厅挂了几块牌子。牌子上两行字，上面是号召，下面是指引，连在一块读，则多少有点幽默。比如：俭以养德入口，文明餐桌收银处，制止浪费取餐处，浪费可耻回盘处，光盘有我出口。

要过春节了，办公室给餐厅拟了副对联，上联曰：三餐饭菜美身体康健，下联曰：四季味道香人心温暖，横批曰：爱我农行。工会书法大师高君亲自书写，贴到餐厅大门两侧，很是闪亮。

每年国庆前后，机关都要举办健步走活动，一般是下午快下班的时候，地点选在汾河公园，绕一圈五六公里。在长风商务区的出发点，队伍要集合起来，领导先动员一下，留下集体合影，然后就浩浩荡荡出发了。走一段后，队伍就分散了，一方面是人行便道不能太挤，另一方面有的员工确实平时锻炼少，已经气喘吁吁了，速度越来越慢。

大家的热情确实很高。终于从案头工作中解脱出来，轻松一刻了。每天家和机关，步履匆匆，鸡零狗碎，很多人其实很少有时间认真欣赏一下这个城市。此刻，汾河边景色宜人，绿树环绕，垂柳依依，新鲜的空气，碧绿的河水，都使人心旷神怡。有人走走停停，掏出手机，拍下眼前美景，又恋恋不舍，快步赶队。一路上大家兴致很高，不时相互打招呼，欢声笑语，在秋日的河畔久久回荡。

又到国庆节了，因为疫情，今年的健步走不统一组织，以部门为单位，到机关附近的和平公园，活动图片要发工会。处里前一天就通知第二天中午十二点四十到公园。隔天多数人在餐厅吃完饭就到机关门口集合。最后，大家就相约公园门口见，分头出发，有拼车的，有步行的。

公园其实也不远，大约一公里。出了机关大门，大家就像出了笼子的鸟，翅膀一下舒展了许多。陆续到了公园大门口，就快一点了。中午的阳光正顶头照着，还有点热，有人就脱了外套。大家看着门口国庆时摆的盆花造型，都说很有气势。人基本到齐了，就差步行的两位女同志了。按说这会儿早该到了。大家纷纷朝来路方向张望，有女生说，刚才好像看见她俩在路边买冰激凌呢。有男士说，不会迷路吧。领导说，不可能吧，这么近。左等右等还不见，就有人打了电话，还有人发了定位。正焦急间，忽见二人满头大汗地跑过来，原来舍近求远，跑到公园另一方向了。

站好位置，处里摄影大师梁美女给大家拍了张合影。有同事说要加班，一溜烟就走得只剩下六七个人。头儿说，既来之，则安之。刚吃完饭，正好锻炼一下。大家就沿着塑胶步道往前走。已是深秋，公园满目金红，在蓝天的映衬下，恰似一幅浓墨重彩的画作。所有人心情顿时润朗起来，情不自禁地掏出手机拍照，都想把这美景永驻。

三、茶与人

有段时间普洱茶炒作得很厉害，说是有养胃、降血脂、减肥等功效，价格也涨得很高。普洱茶的重要产地思茅市也改名普洱市了。其时，许多茶叶鱼龙混杂，不管是否云南当地产的普洱，也挂个普洱名字。"站在风口上，猪都会飞。"许多人趋之若鹜，东挪西借，投资入市，加入囤积、转手、倒卖、收藏的队伍。当然也有人把它当作药，希望能够包治百病，延年益寿。

有同学开个茶铺，说新进了云南普洱茶，价格也合适，生茶能长期放，给留上一件，说不定以后还能发点小财。这样，也没问商标品牌，就赶时髦拿了一件，也算对同学生意的支持。一件就是一箱，七八十个七子饼，花了好几千块。听说生茶对肠胃刺激大，就一直没有喝，只是过一段拿出来，闻闻茶的味道，看看颜色的变化。确也是，新茶饼的脉络还是绿嫩的、鲜艳的，味道是清新的。一晃儿十年了，随着时间推移沉淀，茶的颜色也逐渐变深，味道醇香成熟。其间，也搬过几次家，每次都像宝贝一样，小心翼翼地给它找好存放的地方，避免日晒，还要通风。终日碌碌，白驹过隙。普洱茶也像股市一样经历大起大落，价格回归理性。"风过去了，摔死的都是猪。"原指望像炒股一样发财的，许多人血本无归，投机失败。

"我有一壶茶，足以慰风尘。"已无发财的奢望，只希望能在余下的日子，抛却俗务，让心沉静，品出普洱真味。

茶是有性格的，遇北方大汉，便粗条大叶，适合牛饮，酣畅淋漓；遇美眉淑女，便温软如玉，细品慢酌，如痴如醉。茶也是有魂魄的，让游子魂牵梦萦，让智者茅塞顿开，让忧思者愁绪散尽，让有情人百年好合。自然，也有人举杯在手，愈感寂寞悲秋，欲诉无言……

在家乡的《运城晚报》上写了篇《茉莉茶香》小文，发到微信朋友圈里，作为交流。当天晚上下班后，有曾经的同事跑了很远的路过来，拿了精美的茶，打开一看是两盒茉莉花茶。一瞬间，我的眼睛湿润了。还有人惦记，真好。后来，又写了篇《一方茶》，也发到朋友圈里。春节回到家乡后，有朋友来访，拿了龙井茶，还说，看到你在文章中提到龙井茶了，所以带了一点，请你品尝。随后的日子，每次在举杯品茗的时候，心中总是荡起漾漾的暖意。我想，真情厚意也和这茶一样芳香。

四、学与思

因为对晋商和票号感兴趣，所以利用周末到迎泽公园里的太原晋商博物馆看了两次，展品很丰富，脉络也清晰，收获很大。最近，听说原来的省政府搬走后，所在地又新建了晋商博物院，就抽闲看了一下。

参观了以后，总体感觉，有几个方面。一是重复浪费。本来已有太原晋商博物馆，无须再建，因为许多资料重复。如果感到原来的不完善，可以改造和升级。二是定位不准。从资料看，省政府所在地始建于北宋初期，迄今已有一千多年。北宋潘美曾在此扎营做帅府，后为州治、府治，金朝为河东路治。元代为行中书省治。明清两代作为山西巡抚衙门。辛亥革命后为阎锡山的督军府、山西省政府、太原绥靖公署。

抗战初为第二战区长官司令部。太原沦陷后为日伪山西省行政公署所在地。日寇投降后，再度为阎锡山府署。1949年太原解放后，一直是省政府驻地。它的价值在于一直是山西的政治、决策的中心，历史和建筑都是厚重的，和晋商关系不大。所以许多人建议，把它作为山西政治历史博物馆比较合适。三是西园的风景不错。作为公园，确实适合老百姓休闲娱乐。

"稳、调、精、严、进"五字要求是全省农行的经营指导思想。在给新提任支行行长、新入行大学生授课培训时，我给他们做了系统解读，希望从四个方面把握和理解五字的辩证逻辑关系。一是十九大精神的生动实践。十九大报告系统全面，博大精深。农行员工贯彻落实十九大精神，要重点回答好三方面问题，即如何在农行破解不平衡、不充分的矛盾；如何坚持新发展理念；如何不忘初心，牢记使命。而要回答好这三个时代命题，就必须做到"稳、调、精、严、进"。二是当前经济金融形势的必然要求。中央要求稳字当头，稳中求进，要求做好六稳六保，农行必须执行"稳、调、精、严、进"。三是农行总行"六维"方略的山西化。农行总行从党建、队伍到重点业务六个维度提出了经营战略，"稳、调、精、严、进"是结合山西实际的具体化。四是山西农行客观经营规律的总结。多年积累的矛盾，信贷、人员结构的调整，案件的防控，都需要靠"稳、调、精、严、进"进行破解。

到太原分行督导党史学习教育期间，和太原分行的领导班子座谈，我给他们提出了创建"四行"目标的建议。这个"四行"目标是：党建引领的先进行、经营效益的龙头行、业务发展的开拓行、稳健运营的平安行。而要实现这"四行"目标，必须坚持五个路径，即坚持一个科学的经营战略，坚持把发展作为第一要务，坚持把创新作为第一驱动力，坚持以人民为中心，坚持把防案件、防风险作为最大的政治之一。这是自己的观察和思考，仅供他们参考。"忧国孤臣泪，平胡壮士心。"唯愿太原分行有一个更好的未来。

实事求是要求一切从实际出发，按事物发展的内在逻辑和规律办事，不唯上，不唯书，只唯实，它是马克思主义活的灵魂。

要做到实事求是很难。比如，干部选拔的"四化"原则本来就很好，也是经得起实践检验的宝贵经验，"四化"是一个有机整体，既联系又区别，但在实际执行中，往往有摇摆性，忽而只唯文凭，忽而只唯年龄，没有全面准确落实"四化"原则。另外在经济决策中也存在着不按常识办事的现象，事后评估，浪费损失很大，也无人负责，最多说声交了学费。这方面的教训还是有的。

形式主义是实事求是最大的敌人。一项大的决策、政策在出台前，有的人已看出其中的缺陷，但因为碍于面子，不反映，牺牲了原则；有的人追求短期效应，急于求成，盲目冒进；有的人照搬照抄，机械执行。最后，背离了政策初衷，有些个先进典型过几年又成了反面典型，所谓业绩经不起历史的考验。

实事求是需要政治勇气和政治担当。把事业摆在首位，大公小私，先公后私；还要"大胆假设，小心求证"，蹲下身子，弯下腰来，深入调查研究，特别是听取群众意见，汲取一线智慧。这样，决策才能更接地气，政策才能更好落实。同时，要因地制宜，尊重科学，区别对待，分类指导。

票号是银行的鼻祖，但很惭愧，连老祖先怎么做的都不清楚。票号经营的智慧，不用说青年员工，我自己学金融专业的也一知半解，不知其然。于是，利用空余时间收集了一些资料，又从孔夫子网上购了两本

《山西票号史》，一本是卫聚贤的，1944年出版；一本是山西财大黄鉴辉教授的。通过学习，我对票号有了一定了解，感觉票号的经营之道在今天也值得借鉴。反复思考研究后，做了课件，在晋中、阳泉分行以及全行青年英才培训班上做了专题讲座。

2022年初，习近平总书记视察山西时参观了平遥日升昌票号，要求讲好晋商的故事。所以，山西银行人更要发扬晋商诚信、吃苦、稳健、创新的精神，从传统文化中汲取营养，专心做好金融事业。

我在学习研究时，发现还有许多知识空白点和理论盲区，又到山西图书馆看了一些晋商资料，新购了陈其田的《山西票号考略》，继续研读。一则增加知识，丰富人生；二则弘扬晋商精神，普及传播票号文化。想来，善莫大也。

有幸受邀到农总行参加了《中国城乡金融报》做精做专座谈会。报业集团的赵董事长、荔总编以及报社各部门负责人出席了会议。

我发言时提了几点建议。一、图文并茂。头版要敢用大照片。二、二版建议为农行新闻版。加大来自一线的新闻宣传，可以是报道、小通讯，也可以是简讯。加大来自一线的信息量，展现全行员工奋斗拼搏的精神风貌。三、建议在头版设言论专栏，300字以内，短小明快，一事一议。四、建议设文艺副刊：内容刊登小说、诗歌、散文；鉴赏副刊：介绍书画、瓷器、古玩、钱币、古典诗词鉴赏知识；创作副刊：每次一整版介绍一位农行书法家、摄影家、美术家的作品，配上名家点评；历史副刊：介绍与农行恢复成立以来的历史事件、历史人物；文摘副刊：主要是经济金融文摘。五、其他专版主要围绕主体业务加大与业务部门联系，每期一个重点或品种，有政策宣导，有经验介绍，有案例推荐，一期一个重点，关键是要说透。如：个贷专版、场景建设专版、惠农E贷专版、小微企业贷款专版。六、把骨干通讯员队伍建起来，定期培训。七、建议改版,这也是新闻生产的供给侧结构改革。目的是增加优质内容供给,丰富报道呈现。

其时,作为行业报的《中国城乡金融报》在办报过程中也遇到了一些瓶颈和困难,有同业的竞争,有发行的压力,有稿件的采集,有改革的定位等等,也出现过徘徊和游移,所以召集全行宣传骨干集思广益,凝聚共识,改进工作。

在发言的同时,我也介绍了自己在二级分行做办公室主任时创办《农行人》报纸的经验和体会。当时我自加压力,主动向领导建议并取得支持。我们的报纸都是办公室同志业余编辑的,每月两期,每期四版,不仅发给各网点,而且发给开户的数百个骨干企业以及省分行各处室、各地市兄弟行,它们是银企的桥梁、员工的家园、政策的窗口、业务的阵地,坚持了五六年,在全省形成了很大影响力。

我的发言结束后,收获了大家热烈的掌声和领导的肯定。我也知道,这些建议有些比较逆耳,比较直接,但目的是希望把《中国城乡金融报》办得更好。

两年前,省分行邀请中国金融作家协会主席阎雪君为地市办公室条线和机关处室通讯员作写作培训。阎主席是大同人,起步于山西基层一线信用社。目前是中国作家协会全委会委员,发表作品380万字,其中长篇小说《原上草》《天是爹来地是娘》《面对面还想你》《桃花红杏花白》等六部,中短篇小说七十多部,也是《中国金融文学》主编。写作的重点是农村、农业、农民加金融。在培训讲座中,阎主席围绕"壮丽的金融事业需要讴歌"这个主题,不拿稿子,妙语连珠,激情飞扬,讲了三个小时。我断断续续地听了一些,印象最深的是,一个土豆八道菜,意思是说同一个写作素材,可以写成消息、言论、通讯、报告文学等体裁。这就像一个厨师,有高超的技艺,才能游刃有余,随意切换模式，而写作者需要这种训练和思考。谈到小说创作，阎主席说，写小说就是写故事，而只有事故才有故事，即矛盾的冲突。还说，写作不是让人贫困的，写作也能走出通天路。讲座取得了空前的成功，会议室一百多人沉浸其中，享受着少有的文化大餐，很少有人走动。结束时，我临时受命作小结，阎主席做了一场精彩的讲座，阎主席是文学界的金融高管，是金融界的文学奇才。然后我谈了一点感受：文学需要乡情的滋润，文学需要亲情的浇灌，文学需要真情的培育。散会后，阎主席对发言予以赞许。

晚上在宾馆，阎主席有客来访，记得有山西作协主席杜学文，山西女文学评论家、作家吴言等，大家在一起还做了很多交流。

阅读《晋商老账》时，看到晋商的老账本照片，很震撼。从这些账本看，一是时间跨度大，有些小的商号都能够连续记载六十年之久；二是账目书写整齐，铁钩银划，一丝不苟，几乎没有涂改，像雕版印刷的一样。现在，许多人把它当艺术品一样收藏研究。

晋商的账房先生，很多参加过科举，大都写一手好字，算盘打得熟练，敬业忠诚。有些账本上百页，每页密密麻麻，丝毫不差，书写淡定精细，展示了高超的记账技艺。从资料看，这些账目，大都是账房先生晚上下班后就着油灯、弓着身子，计算整理、苦心孤诣的成果。

账本是商号经营核算和管理水平的重要体现，也是当年晋商辉煌的一个投影。每一面账页、每一笔记录都体现了商号主人对经营事业之敬畏，对成果评价之谨慎的精神追求。况且，晋商的会计记账制度也是同时代最先进的。

看晋商老账给人启发：那就是对我们所从事的事业，要专注敬畏，不浮躁，不冒进，要有把职场当道场、把冷板凳坐热的功夫。久之，必有所成。

在中央电视台的《经典咏流传》栏目上，看到袁枚的小诗《苔》，觉得写得很好。诗只有四句：白日不到处，青春恰自来；苔花如米小，也学牡丹开。我把它抄在手头的笔记本上，过一段看一下，每次读来都觉得像音符，拨弄着心中的琴弦，产生一种共鸣。

我自己的职业生涯从乡镇开始，从柜台做起。那时候，网点只有六七个人，大家都在忙乱和茫然中打发日子，到县城办事也是一种奢望。印象中一年多也没有和支行行长打过照面，真正是"白日不到处"。但依然坚持自己的信念，"苔花如米小，也学牡丹开"，最终实现了心中的愿望。

我想，我们每个人都是事业大厦中的一粒沙子，许多时候也如井边默默无闻的"苔花"。我们的岗位尽管平凡，但把平凡的事做好，就是不平凡，就是伟大，也能像牡丹一样成长开放。

忽然想起还有一首小诗和它有异曲同工之妙，也同样励志。就是杜荀鹤的《小松》："自小刺头深草里，而今渐觉出蓬蒿。时人不识凌云木，直待凌云始道高。"杜荀鹤是唐朝诗人，袁枚是清代的，两人都中过进士。一个返乡闲居；一个辞官归里，置随园寄情山水。看来，只要胸中有丘壑，真性情同样可以穿越时空。

办公室的墙上挂了一幅书法和一幅小画，工作间隙偶尔抬头看上两眼，似乎疲劳一下子消除了不少，心情也朗润起来。字是装裱好的，为"气淑年和"四字，是太原书协副主席、杏花岭区书协主席刘新恩写的。那次，单位工会组织全省农行职工书法摄影作品评比，大会议室桌子上一边摆放的是摄影作品，一边是书法作品。我是摄影组的评委，评完后，也对书法作品观摩了一下，和邀请来的书法评委进行了交流。他们分别是山西画院院长赵亭人及太原书协副主席史彦鹏、刘新恩、胡海生。赵院长是万荣老乡，原是山西师大书法学院院长，书画俱佳。评比结束后，书法评委们还现场挥毫创作。我想了词，刘新恩主席为我书写两幅：一幅是培风图南，一幅是气淑年和，并合了影。晚上就餐时大家还一起做了交流。

后来，我到省文联大楼专门拜访了赵亭人院长，嘱写"道随时泰"四字，得应允。相信有缘再会。

小画是多亚波画的。亚波是省信用联社企业文化部的副主任，画画是业余爱好，多次发表获奖。他在运城做办公室主任时就熟悉，所以理直气壮地要了一张。画是镜心卡纸，画题是《云过溪山境无尘》，画面上有山、有云、有瀑、有松、有亭、有舟，左下有印"坐看云起"。观其画，方寸烟尘，动静结合，使人如临其境，神宁心怡。这一小小的角落，因了字画，办公室也一下添了生机。

桌上整齐摆放着三册日历，提醒我来并州已经三年多了。这三册日历都是同事赠送的，各有特色，爱不释手。

2020年的是故宫日历，大红封面，设计精美。适逢紫禁城建成六百年，所以选取表现鼠年与紫禁城的文物。在编辑说明中这样写道："碑帖集字的日期节令、甄选于浩瀚宝藏的文物珍藏，交相辉映，伴随你的岁月流淌。它是集腋成裘的国宝日读，也是你点滴积累的个人宝藏。"闲余经常翻一翻，了解了故宫建筑，欣赏了故宫文物，增长了许多新的知识。印象最深的是书法，比如知道了《三希堂法帖》中三个名帖《快雪时晴帖》《中秋帖》《伯远帖》与三希堂名的来历。

2021年的是《二十四节气里的诗意生活》，主要是与节气有关的古诗词。前言是这样说的："希望这本日历可以使你与大自然靠得更近，希望这一首首唐诗宋词穿越千年，再一次轻轻地呼唤你心中对万物生息的灵性觉知。透过一幅幅传世画作，相信你还会在节气、物候、花信风带来的浪漫场景中，更细腻地感受东方人的生活之美。"在这册日历中感受到了古人对天象观察的智慧总结，更欣赏了古诗对四季变迁的赞歌，以及背后的豪迈与张扬。比如，写春天的有："春色满园关不住，一枝红杏出墙来。"写农忙的："乡村四月闲人少，才了蚕桑又插田。"一页页翻过，给人美的享受。特别是劳累过后读一读，立刻忘记了疲劳，增添了力量。

2022年的是国博日历，一月一个主题，有青铜器、甲骨文、服饰、餐饮、铜镜、乐器、玉器、肖像画、钱币、石刻、书画等，正好是2021年国博的有代表性的精品主题展览。内容丰富，信息量大，一册在手，仿佛置身于国博，参观了展览。印象深的有叶衍兰画的历代学者肖像画，如陶渊明、李白、黄庭坚、文徵明等，右半边是人像，左半边是小传，很立体，仿佛这些先贤向我们缓缓走来。而钱币上的文字也是历代书法艺术的结晶。这些钱币上的文字既有李斯、欧阳询撰写的，还有宋徽宗的笔迹。书体涵盖篆、隶、楷、行、瘦金体等。看来，钱币文化，既是货币发展史，也是书法发展史。从餐饮、服饰等可以看出文明演变的历程，感受到古人的智慧和探索。

岁月挽不住，幸有日历伴。它像知识的宝库，也像沉默的大师。闲暇时浏览一番，总有新的收益，日子于是也变得充盈。

五、职场

机关不变，人却在变，所谓铁打的营盘流水的兵。退休的离开了单位，恋恋不舍也罢，留下遗憾也罢，总之，职业生涯画上了句号。每次经过机关时，心情格外复杂，盯着既熟悉又陌生的大门口看一眼，欲语还休，不愿碰见熟人，远远绕过去。退居二线的，见到部门的每一个人都觉得亲切，即便是曾经有过芥蒂的。说是无官一身轻，不干机关事务了，坐下来三句话自然还是拐到了公事上。正应了那句，在朝的李白想在野，在野的李白想在朝。

上班的人则各有各的烦恼，有工作的，有家庭的，有仕途的，有人际交往的。同事间也像是森林中的树，依靠着，避让着，缠绕着，挪腾着，争取着向上的空间。作为一省系统之首脑机关，业务经营管理指导、政策支持的任务很重。计划、指标、考核如芒在背，马不停蹄。虽听不到一线的枪炮声，但也很充实忙碌，开会发文，准备材料，安排布置，上下协调，检查督导，一切快节奏运转着。办公桌上高高堆积，有资料，有报纸，还有茶叶罐罐及几小盆花，人好像在盆地中，个子低的女生掩藏在其间，只能露出半边脸来。

快到年底了，各条线都要收口把关，几个会议室老是闲不下来，这拨还未开完，另一拨已经等在门口了。每个人脚步都紧起来了。因为疫情影响，都成了视频会，不需要基层来回奔波了。一些部门加班也是常有，晚上办公室的灯光亮到很晚。

当然，各人也尽力规划着自己的职业发展轨迹，不断在希望、失望、竞争、无奈中浮沉焦虑。有人漏夜赶科场，有人辞官归故里。有借调总部的，有员工家里有企业，便打了辞职报告和机关一别两宽的，有跳槽同业的，也有人走着走着就散了，因故被解除了劳动合同。

也有人过来坐，显得着急，说，不知到底啥时搞竞聘。我开玩笑说，假如明天搞，你能成功吗？机会只给有准备的头脑。活干好是第一位的，业绩偏后的听说连报名资格都没有。还有人早早起草好了竞聘报告，让参谋把关。开头照例是问候语，第一段则是客气话：早上好，感谢领导给这次竞聘提高，登台亮相，展示自我，交流学习的机会。我说，班子的一项重要工作就是选拔干部，也是本职工作，不需要感谢。建议删去，开门见山，直接介绍自己。

陆续也有人抽空到别的部门那儿串门，介绍一下自己的情况，自我推销，联络感情，打打招呼，求得支持。

日月笼中鸟，乾坤水上萍。冬日的斜阳照进窗台，几盆小花依旧葱茏，昭示着岁月依旧。闲暇时光，科室该说笑，依然热热闹闹：有说热播电视剧《理想之城》主角孙俪演技的，有说房价还要涨的，有说孩子开家长会的，自然，还有说天气变化的。

六、人物

晚上写完字，一看时间已经九点半了，赶紧下楼准备走会儿路。推开楼门，一股冷风扑面而来。犹豫了一下，缩回身子，回到门洞里。坐在服务台里值班的保安老李说，冷就别走了，聊一会儿。

老李也就五十来岁，个子不高，敦敦实实。在一号楼当保安有一年左右，因为进出经常碰见，打过招呼，就算认识了。原来的保安小范也认识，二十多岁，胖墩儿，就是机关对面城中村的，成家后就不再干了。白天是一两个女服务员坐在服务台里上班，服务台的墙壁上挂着一个照脸的签到器，供物业人员上下班签到签退。每次有人经过，都显出人的影子来。有培训和开会时，她们负责接待，对照花名册，收押金，发资料袋、房间钥匙，时间长的还要发洗漱用品：一个蓝色或者红色的塑料脸盆，里面放一个装有牙膏、牙刷、香皂的袋子。每次培训结束，退房后，服务员照例要检查房间，照例有人嫌脸盆占地方不好拿就留在房间。服务员也有了收获，每次总能收拾出几个来。

老李的上班时间是晚上七点到第二天早上七点，十二个小时，任务主要是晚上值班。七点左右，先要在操场里列个队，十几个人一排站整齐，队长训话，强调一些注意事项、劳动纪律，然后，回到服务台和女服务员交接。服务台的左手边放一个远光手电，后墙根儿放一个掉了一些皮的长沙发，旁边码着几节铁皮柜子。老李每天晚上要拿着手电绕着前后楼巡逻两三次。手电光照得很远，一道光柱在几栋楼的门口、房间窗口、树木丛中来回晃动着、闪烁着，试图发现跑水、漏电、偷窃等一切蛛丝马迹。到了十一点，还要上下五层，关一下水房电热水器、卫生间的灯。半夜楼门锁后，就把保安制式大衣盖在身上，圪蹴在沙发上，一夜就打发了。服务台不封闭，夜里冷风还会偷偷钻进来。当然，凌晨一点钟还得用手机照张脸，发到物业微信群表明在岗。这是规定，有时还要查岗。

老李说他自己文化不高，原来在煤矿干过，任务是给井下工人送饭，后来辞职，在城里干保安十几年了。家在郊区，回家骑电动车需一个多小时。老李说他最喜欢看乒乓球比赛。在电视上看，更多在手机上看。说起乒乓球，老李眼睛一下光亮起来，话语像打开的闸门，一泻千里，滔滔不绝。王曼昱、孙颖莎、刘诗雯等女乒冠军们名字熟练地挂在嘴边，甚至每个人的年龄、爱好都知道，世乒赛、亚洲杯都能说清，如数家珍，还分析谁夺冠可能性大。老李说看乒乓球比赛也是一种享受，人还得有股拼劲。他不打麻将，那玩艺儿耗时间，对身体也不好，偶尔看看别人下象棋。

"夏天到来，令我回忆。"昨天凌晨的时候想起了老史。事情的起因是这样的：四五点时忽然有蚊子朝脸边俯冲过来，嗡嗡嘤嘤，特别刺耳。拿手赶，拿被角扇，都不起作用。没办法，开灯，拿起塑料打蚊拍子，睁大眼睛，上下左右搜寻着。尽管拍掉了两个小蚊子，但大蚊子很狡猾，躲到房顶上不下来，够不着。能看出来已经咬了人，吸了血，身子很重，血债累累，实在可恨。打不着，就拿蚊香熏。把电蚊香插上，又灭灯继续休息。这下却无睡意了。

刚才打蚊子的拍子是老史上街时多买了一个送给我的，尽管不值钱，估计也就一两元钱，但很实用，解了燃眉之急。应该感谢老史。老史,大名忠东,是从长治调过来的,住在干校三楼单身宿舍,刚开始是邻居,后来他调了位置,中间隔了一家。原来都在地市工作,来省里开会时见过,彼此知道,但没有共过事,不太熟悉和了解。

记得有一次是在省里开业务会,每个地市分管领导都要汇报。大家的发言都很平淡,有些还看领导的脸色,表态遮遮掩掩、冠冕堂皇,个别地市因工作推进慢挨了批评。轮到老史发言时,老史直言不讳,提了很尖锐的意见,印象是说上级个别办事人员效率不高,态度较差,影响了基层业务。当时,老史才提拔不久,但耿直率真,敢说实话,给我留下深刻印象。后来又听说在本单位一个数亿元的大额不良贷款清收化解中,积极努力,有效处置,得到过省里领导表扬。

2021年三四月,老史从家乡长治提拔调回省里,到一个巡察组负责工作。本来上年底就定了,受疫情影响,推迟报到了。因为住在隔壁,才有了近距离的接触。老史五十四五,人高马大,身材魁梧,四方脸,大嗓门,说话声音洪亮,满楼道都能震响,而且家乡的口音浓重,太快就听不清了。下班后,经常串门,断断续续有些交谈,对老史的情况有了一些了解。老史从农村出来,文化不高,自谦大老粗。从行里通讯员一路干到支行行长,后来做了地区行的副手。这次调回来提了虚职,尽管是副组长,但前面没有安排组长,就是实际负责人,也是领导另眼高看,所以很满足。本来离五十五岁退居二线也就几个月了,但因为在巡察组,从工作延续性计,一般都依惯例干到年底。他父亲去世早,也经受过挫折,因此性格要强,讲义气,能吃苦,同时爱憎分明,很有个性。

熟悉以后,交流的就多些。老史住在楼道尽头第一家,每天宿舍门总敞开着,窗帘也拉开着,冬天也不怕冷,在楼道或水房碰见,他总是风风火火,热气腾腾。刚来机关没几天,人就熟了。早上,天蒙蒙亮,背着一个很大的红白相间的网球包,早早到院里的网球场和约好的球友打网球。我们到食堂吃饭时，老史正好打完球，背着包，满脸是汗，匆匆到餐厅来。晚上，好几次碰见老史开车出去给将要上高中住校的女儿购买文具和生活用品，回来还让我们参谋了一下。买的收纳箱和书包都很精致，根据孩子的要求又到超市调整置换。听老史说，在基层时，家乡观念强，有时为维护分管部门员工利益，经常仗义执言。我们住的楼里水房冬天不能洗澡，老史碰见总务处长后积极反映呼吁。有一次老史还给我和老韩拿了几根香蕉，有人看他拿的普洱茶，也分给我们一些。周五我去高铁站，老史自告奋勇，开自己车专门送过三五次。他一米八左右的身材，坐到车里显得驾驶室非常狭小，腿长不好安置，座椅尽可能靠后，才能更好踩踏油门刹车。因为赶时间，线路不熟，还压过实线，估计要罚款。我感到不好意思，怕人家又出力又经济损失，随后问老史，老史淡然说你就不用管了。还有一次自己顾不上，叫别人开上他的车送了我。巡察组有位员工因故要被退回基层，老史了解情况后，主动找领导说明原因，解释争取，最终留了下来。在下乡巡察时，我看见老史拿自己的饭卡在餐厅买了营养品，装到车上，准备路过时顺便看望一下副手的父母亲。

  因为工作，老史一次下乡就得两个月。偶尔回来，匆匆交流几句。知道老史每次去巡察单位，都是开私家车，不让接送，基层想给加点油，他也是一口回绝。网球包倒是带着，不知道能不能找下球友，打过没有。报告写好后，还专门开车提前去和基层核实沟通。对老史来说，长期在基层一线搞业务，客观讲岗位的变化也需要有个角色适应过程。

  很快新年到了，单位调整干部，老史到退居二线的年龄了，新的组长已经到位。尽管宿舍还在，但人来得少了。老史走后，再没有消息。春节时老史发来微信问候新年，我也回信致意。前几天，单位体检，看见老史来了，还背着网球包，说是要出去给球拍补线。在宿舍聊了一下，也和其他人打了招呼。待了一两天又要回去，临行前，还到孩子要结婚的单位同事家致贺。在宿舍楼下，老史坐车要走。我问，不多住几天。老史淡然地说，大家都忙，我现在闲人一个。不打搅了，有事联系。挥手离去。

三楼宿舍又增加了两三人，是新调回来的。大家相处得都很和谐，还聚过一两次餐，但都相对喜欢安静，没有老史在时热闹。楼里也统一布了外网信号，再也不用路由器了，电视图像也清晰了，可惜老史享受不上了。单位请来的理发师崔氏和老史是同乡，来太原打工多年。理发时无意间聊到老史，对我说，认识，老史是个好人。

算来与老史前后相处也就八九个月。往事已随风，聚散皆是缘。希望老史未来的日子精彩。

七、足迹

山西表里山河，东有太行山，西有吕梁山，为表；汾河横贯全省，入黄河，为里。山西地处农耕文明和游牧文明的交界线，为明清时期晋商的发达提供了区位优势。我常想，爱国主义可能有多种含义，但热爱祖国的山河也是重要的组成部分。作为山西人，应尽可能多了解山西的历史文化。所以，工作之余，闲暇时间，也看了一些地方。

在支部党日活动中分别去了娘子关、平型关、高君宇纪念馆，自己还单独去看了太原的山西国民师范学校旧址革命活动纪念馆。这些都是红色教育基地。通过参观学习，更感到幸福生活来之不易，要倍加珍惜。正如习近平总书记说的，一百年来，中国共产党团结带领中国人民进行的一切奋斗、一切牺牲、一切创造，归结起来就是一个主题：实现中华民族伟大复兴。

娘子关是在阳泉平定县的一个镇上。坐车远远路过娘子关电厂时，记得有同事笑说，刘慈欣原来就在电厂工作，就在这儿仰望星空，写成《流浪地球》。不禁多看了两眼。

博物馆是历史文化的重要载体。在大同博物馆，了解了一些北魏、辽金历史，看见了恐龙化石，知道了若干年前大同还有恐龙。晋城博物馆的"长平之战""珐华艺术"及临汾博物馆的尧文化也留下了深刻印象。到朔州时，博物馆还在建设不开放，就到朔州图书馆看了一些书法美术展，到哈默博士雕塑旁留了影。长治博物馆是老馆，匆匆一瞥，记忆中有春秋战国的铜车马。

大同、忻州古城都去了一下，各有特色。去大同古城是冬季寒冷的晚上，感觉规模大、有气势。忻州古城开发得比较成熟，管理水平高，保留了许多老商铺、历史文化建筑，有纪念元好问的元遗山祠堂，北城门上两面匾额分别是"晋北锁钥""秀夺燕赵"。看秀容书院时，始知忻县旧称秀容，书院是乾隆年间知州鲁潢倡导捐资发起开办的，是忻州最高学府。光绪年间改为"新兴学堂"，创山西书院改学堂之首例。

吕梁安国寺是中午休息时去的。据说于成龙曾在此读书六年，有于成龙读书楼，寺后石崖下有莱公别墅，是于成龙孙子于准在雍正年间所修。有研究说于成龙家族和安国寺有很深渊源。电视剧《于成龙》还在此取过景。

下雪时节，和国文君一起坐车到晋源区探访过太原老县城。可惜，还未完工，四门不开，只好沿着高大威严的城墙走了一圈。

还有两个想去的地方，一个就是晋商走西口的必经地右玉县的杀虎口；另一个是雁门关。希望还有机会。

一个周末，参观了狄仁杰文化公园。

狄仁杰是太原狄村人，武则天时两度为相。狄仁杰文化公园是在原来唐槐公园的基础上扩建成的。公园门口是狄仁杰的立身雕塑，威严伟岸。主要建筑是狄梁公祠和狄仁杰故居。狄梁公祠匾额上的书法是傅山手笔，苍劲有力。东门口有一碑亭，正面书"狄梁公故里碑"，背面是其生平介绍，并说狄村原来就有狄梁公祠，清代太原知县戴梦熊曾立过狄梁公故里碑。碑亭后的唐槐是镇园之宝，相传为狄仁杰母亲所植，至今已千余年。槐树老干新枝，依然枝繁叶茂，树盖遮天蔽日。

在狄公祠看到狄仁杰为官时的一些奏疏，有两则比较简短。

一则是《谏杀误斫昭陵柏者疏》："犯颜直谏，自古以为难。臣以为遇桀纣则难，遇尧舜则易。夫法不至死而陛下特杀之，是法不信于人也，人何所措其手足。且张释之有言，没有盗长陵一抔土。陛下何以处之。今以一柏杀二将军，后代谓陛下为何如主矣？臣不敢奉诏者，恐陷陛下于不道，且羞见释之于地下矣。"唐高宗仪凤元年，左卫大将军权善才、右监门中郎范怀义误砍了昭陵的柏树，高宗大怒，下令处死他们。狄仁杰此时担任大理寺丞，认为二人的行为根据法律罪不当死，不应以皇帝个人的喜怒为遵循，据理力争，写下此奏疏，强调不执法的危害。最终说服了唐高宗，赦免了二人。

一则是《乞免民租疏》："彭泽九县，百姓齐营水田，臣方到县，已是秋月。百姓嚣嚣，群然若欷。询其所自，皆云春夏以来，并无霖雨，救死不苏，营佃失时，今已不可改种。见在黄老草菜度日，旦暮之间，全无米粒。窃见彭泽地狭，山峻无田。百姓所营之田，一户不过十亩五亩，准例常年纵得全熟，纳官之外，半载无粮。今总不收，将何活路？自春徂夏，多莩亡者，检有籍历，大半除名，里里乡乡，班班户绝。如此深弊，官吏不敢自裁，谨以奏闻，伏候敕旨。"当时，狄仁杰受排挤，以戴罪之身任彭泽令，看到当地百姓受到苛捐杂税的压迫，又因天灾，家破人亡，于是冒死进言，希望免除赋税，一解民苦。最后获得武则天认可。

这两个奏疏，年代不同，内容不同，但有一点相同，那就是对民生的关照。如果没有家国情怀，没有浩然正气，没有担当作为的勇气，没有悲天悯人的品质，就不会不顾个人进退，为百姓利益振臂一呼，奔走呐喊。狄仁杰作为杰出政治家，在江山社稷、军事司法等方面立下奇功，多有建树，同时心中有民，以民为本，这也是后人感念褒扬他的重要原因。

八、旅途

回家坐高铁，需两个多小时。坐多了，也会看到听到很多有趣的事。

有一次，后座是两个农民模样的中年男人。一个人说，你看车厢的座位，一边是三个座，一边是两个座，吃重不一样，高铁不怕倾斜？另一个人说，可能另一节车厢里座位正好两边相反，不就平衡了。一个人说，那飞机只有一个机舱，一边三座，一边两座，拿什么平衡。另一个人不再说话。我也不知其中的原理，但感到他们这种探究精神还是值得肯定的。不知是不是万荣人，因为读过万荣笑话，说万荣人敢想敢干，想给黄河装个栏杆，太阳装个开关，珠穆朗玛峰装个电梯。

还有一次，后座三个人都坐满了。我正后是一个妇女，听她很发愁似的问同伴，你说如果有几套房子，晚上住哪儿好呢？同伴附和说，是啊。她又自语道，每个房里都得放衣服，买家具，哪个算家呢？我听了，深思良久，觉得这个问题复杂深奥。既是经济的，也是社会的，更像是哲学的，或者兼而有之。恐怕就是康德和黑格尔在，也不好回答。

清明假期，高铁客流量很大，车厢满满当当。我前排靠窗坐了一位中年妇女，中间是个七十多岁的老太太，清瘦但精神还好。邻近过道的是她的儿子，五十岁左右，额头光亮，头发已稀少。车开了一会儿，他们就打破沉闷，聊了起来，当说到都住在小店区周围后，话就多起来。

中年妇女说，她老家河津的，原来教学，已退休，现住太原，给儿子带孩子，儿媳妇也是本县的，亲家经常走动，在家待几天就回太原。老太太说她是平陆的，孩子爹已去世，她跟儿子在太原生活，也是回家看看，她儿子在某单位工作。听到是晋南老乡，聊得更热络了。老太太说，孙女大学毕业已工作，快二十八九了，婚姻还未定下来，着急得很。中年妇女向老太太儿子问了女儿的生辰，思谋了一下说，她有个表弟原在矿上工作，因意外去世。留下儿子也在太原，有房，正好大一两岁，就是文化稍差点，他妈改嫁了，无负担。不知最近有没有对象。老太太说，你赶紧打听一下，老太太儿子也催促。中年妇女于是立即拨手机，向另一亲戚打听。许是信号不好，说话时嗓门很高。打完电话说，还无对象。于是就和老太太儿子相互加了微信，约定回到太原后，相互见一面，看是否有缘。一路断断续续听着他们的喧哗，忽然感到，离开了都市和职场，在这样一个回乡的场景中，褪去了冷漠和伪装，人性中久违的热情和淳朴的光芒便能闪耀。也许打开心扉，才有清风徐来，阳光灿烂。

　　当然，两个小时的旅程也很漫长。每次出门，都要提前在背包里塞上一本书。家里书架上有一些书，其实多年只是装饰，还没动过，正好补一下课。那就挑一本，不能太厚，有兴趣的，一般是文学书或杂志。车上最多的是看手机的，字小费眼，却沉浸其中。靠窗的则不时欣赏着外面飞驰而过的风景。在IPad上追剧的多是年轻人，声音激越，列车员在车厢来回穿梭提醒：请各位旅客保持车厢安静，不要影响他人，需戴耳机的戴上耳机。也有睡觉的，呼噜打得震天响，这个时候人们都能包容，不好打搅。出门在外都不易，也许人家是早早就从郊县赶车过来的呢。

　　找到座位后，从背包里掏出书来，自然还有笔。看书时，认为重要的或精彩的地方总要留下痕迹，这样才能记忆深刻，这大概是学生时代养成的习惯。把包放到行李架上，调好座位后，就捧卷在手，旁若无人，进入书的世界。很多时候，刚放下书，列车就要到站了。于是感觉至少没有虚度光阴，很有成就感。

有几本书是在车上读完的。印象深的一本是清人沈复写的《浮生六记》，一本是阿城写的《棋王》。这两本书一本是版本小、方便携带，一本是好读。《浮生六记》是自传体散文集，沈复只是个普通的小文人，所以文风朴实，没有雕琢痕迹。说是六记目前只找到四记，分别是《闺房记乐》《闲情记趣》《坎坷记愁》《浪游记趣》。"浮生"二字，据说典出李白短文中语句："夫天地者，万物之逆旅也；光阴者，百代之过客也。而浮生若梦，为欢几何？"从清代地摊上发现手稿起到现在，出版的版本不下七八十个。我个人喜欢这种风格。后来，看杨绛的《干校六记》，感觉也有《浮生六记》的影子。《棋王》是阿城的代表作，书里其实是三王，除《棋王》外，还有《树王》《孩子王》，语言简洁、明快，很耐读，经得住咀嚼，所以读过好几遍。

快到站的时候，车厢里的音响总是送来温柔的女声提醒：各位旅客，前方终点站到了，请大家收拾好行李，准备下车。紧跟着是一段很感性的表白：你我从起点相识，到终点相知，总有一份眷恋在心头，期待着下一次的美好相逢，再见。然后是孙悦的歌曲《祝你平安》的旋律响起。这段表白，一直在脑海中浮现，引起感情共鸣，并且在周而复始的旅程中又一次次被唤醒，从而牢牢地锚定在心灵的深处。一路上，见多了送别和分手，见多了漂泊和回归，见多了来来往往，上上下下。那些匆匆的脚步，无论是欢快的、迟疑的、孤独的、蹒跚的，都追寻着属于自己的诗和远方。我们彼此惊鸿一瞥，聚过，散过，相识于人海，又相忘于江湖。

而在每个人的人生旅途中,朝夕相处的家人、同事抑或朋友,则是同行伙伴,真情守候,美好相逢。但怜眼前人,且行且珍惜。

九、并州客

时维六月,序属季夏。伫立汾河公园,看碧水悠悠,翠柳依依,斜阳脉脉。远处高楼林立,车流如织;水中游船荡漾,浮金跃影;岸边小鸭戏水,垂钓数竿。龙城一片祥和,岁月静好。

汾河是太原的魂。从地图上看,汾河横贯南北,把城市一分为二。河东是太原的核心,也是政治、经济、文化、人口叙事的主体。河西也日新月异,追赶超越。

"上善若水""水利万物而不争"。一个城市有了水才有灵气,由此聚来人气,带来生气,发来财气。

汾水泱泱,过客匆匆。一切既熟悉又陌生。

既然选择了远方,便只顾风雨兼程。

向上攀登的路途才有风景（代后记）
——一位南开学子在大学脱颖而出的心路历程

张建群

考学生记者的前一天晚上，他一口气读了三本琼瑶小说

十九岁的他走进南开大学时，在学生中一点也不显眼，更遑论突出。从万荣中学走来的他，十九岁时才第一次来到天津，校园里的一切对他来说都有着一种新鲜与陌生。但他心中有一个信念，在这两万人的全国重点大学中尽己所能地成长，尽己所能地脱颖而出。

他走过学生会的大门时，看到一则招考学生记者的通知，立刻去报了名。报名后领到的考题是：第二天在校学生会谈一谈对琼瑶作品的看法。

20世纪80年代末期，来自小县城的他对琼瑶闻所未闻，只是下意识地问旁边的同学：琼瑶是男的还是女的……

当天晚上，他借了四五本琼瑶的小说，挑灯夜读到天明，然后去参加考试。

参加考试的同学，来自不同系，都是写作爱好者。第一位是来自江苏的美女。她是江苏省作文大赛第一名获得者，对琼瑶的解读深入细致，条分缕析，让人叹服。

第二位是一名来自山东的学子，他的诗歌功夫相当了得，用四六句对琼瑶作品进行了评价，其高度亦让人望尘莫及。

第三位好像是一名天津本地学生，对琼瑶小说读得很多的她，其观点也让人眼前一亮。

他心中暗暗着急，昨天还不知琼瑶是男是女的自己，如何出奇制胜。大脑飞快地转动之后，有了。轮到他时，他说，琼瑶作品的缺点太多。

在一片赞扬声中，他一言既出，全场皆惊。他侃侃而谈，列举了几条琼瑶作品存在的不足，评委老师不住点头。

测试结束后，评委老师宣布在数十位学生中有七名学生留下来，其中就有他。

作为全国综合性大学，南开大学每学期都要邀请国内外名流来讲学、演讲，但两万名学子中只有一两千人能拿到小礼堂听讲的入场券。

他因为是学生记者，根本不用为一纸入场券发愁，学生记者证可以让他径直去后台听讲和采访。

大学四年他很少错过一次听讲，从国内外名流身上学到了宝贵的知识和人生智慧。

一次努力，给了他宝贵的提升机会。

勤工俭学带给他的不仅是生活的改善，还有珍贵的人脉

他来自农村，四年大学花费了五千多元。

他的生活相当节俭，但经济上不算紧张，因为他一直勤工俭学。

他参加的勤工俭学是为校报送报纸，将报纸送到每个宿舍的报箱里，一周有五元钱的收入。

这样一月下来有二十元的进项。在20世纪80年代，二十元钱对一个学生来说可不是一个小数目。他还领着助学金，加上家里给的生活费，让一个农家子弟的大学生活十分体面。

最重要的是，在这份工作中他收获了友情和以后在社会中必需的人脉支持。

他当年找校报送报处的高年级系友说明自己想送报的想法时，系友告诉他，眼下没有现成的岗位，但是大四有一名河北籍的老乡法律系学兄要毕业，可能要让出一个岗位。他后来去找了这位学兄，争取了一份工作。

法律系的学兄毕业后就职于天津的新闻单位，他去天津出差时两次相聚，共叙友情。

在送报的过程中，他和那个高年级系友还联手采访了经济系的老师，给校刊撰写了稿件，得到了六元钱的稿费。他用三元钱为系友买了一个精致的笔记本，表达一份心意。

没有想到的是，多年以后，这位系友来到山西工作，成了省城一个企业的老总，而且是同行。他们也得以重续友情，成了无话不谈的好友。相互帮助，自然不在话下。

同在一个学校里走出来，他们有着珍贵的人生同类项，有更多的情感共鸣。而人生，有这样缘分的人并不是很多。

他在勤工俭学中收获了。

图书馆里读的那一套孟德斯鸠的《法意》影响深远

南开大学图书馆的图书浩如烟海，但也许是书太多了，他精读的书却数不上几本。倒是在一个特殊时期,当所有的学生参加活动的时候,他守住一份寂寞,在学校图书馆的阅览室里读完了孟德斯鸠的一整套《法意》《论法的起源》,并在这套书中汲取了无穷的力量,实现了一种精神和心灵的飞升。

那一套书,因为珍贵,学校不外借,只允许在图书馆的阅览室里读。他深深体会了一把"书非借不能读"地生活,真的就在这几个月的时间将这套书读完了。

受益无穷。

他说,人活着,不要总在山脚下徘徊,也不要总在山顶眺望,还是要攀登到山腰处,那里有最迷人的风景。

他说,所谓能耐便是能够忍耐,历史就足够忍耐,它忍耐地看着一个个曾经经历挫折屈辱者走向人生的辉煌。

只是你总在攀登。

他在基层领导的岗位上写过两万字的工作日志,他力求每天都不虚度,都有益于自己所服务的行业。

天行健,君子以自强不息。

这也许是作为万荣人的他与生俱来的情怀,也许是在大学中汲取的营养。

他在前进,一直。

注:作者对原文有少量补充调整。

(《黄河晨报》2017年12月1日)